날마다 비긴 어게인

날마다 비긴 어게인

초 판 1쇄 2023년 10월 13일

지은이 전명희, 장한아, 신수옥, 박미경, 문숙
펴낸이 류종렬

펴낸곳 미다스북스
본부장 임종익
편집장 이다경
책임진행 김가영, 신은서, 박유진, 윤가희, 윤서영, 이예나

등록 2001년 3월 21일 제2001-000040호
주소 서울시 마포구 양화로 133 서교타워 711호
전화 02) 322-7802~3
팩스 02) 6007-1845
블로그 http://blog.naver.com/midasbooks
전자주소 midasbooks@hanmail.net
페이스북 https://www.facebook.com/midasbooks425
인스타그램 https://www.instagram/midasbooks

ISBN 979-11-6910-349-7 03190

값 17,500원

미다스북스는 다음세대에게 필요한 지혜와 교양을 생각합니다.

다섯 여자가 들려주는 꿈과 시작

용기에 관한 이야기

날마다 비긴어게인

전명희
장한아
신수옥
박미경
문 숙
지 음

미다스북스

우리의 삶이 드라마 시나리오처럼 정해진 대로 진행된다면 어떨까 하는 생각을 하는 순간이 있다. 드라마 주인공처럼 우리의 역할과 운명이 미리 결정되어 안정감과 평안함을 느낄 수 있는 삶을 상상한다. 모든 일에 대비책을 마련하고 미래를 예측할 수 있다면 인생은 안도감으로 가득할 것이다.

그러나 실제 인생은 드라마 속 이야기와는 다르다는 것을 우리는 안다. 우리의 인생은 높은 산을 오르는 과정과 유사하다. 오르기 전의 기대감, 오를 때의 흥분감, 오르는 과정에서 겪는 좌절과 어려움, 그리고 정상에 도달했을 때 얻게 되는 성취감 등 모든 것들을 경험하며 성장해 나가는 것이다.

하지만 때로는 그 산이 너무 크다고 여겨져 시작조차 하지 않거나, 불확실성으로 주저앉아버릴 때도 있다. 인생은 매 순간이 큰 산처럼 느껴질 수 있다. 여기 다섯 여자들 또한 불확실한 큰 산이 인생의 시작으로 다가왔지만 그들은 두려움 대신 기대와 열정으로 삶을 향해 나아갔다. 그들은 기회가 주어질 때마다 실행하고 실패하더라도 다시 시작하는 것이 다음 시작과 연결되며 성장한다는 것을 경험했다. 중요한 것은 포기하지 않는 것이다. 자신에게 주어진 기회를 받아들여 다시 시작하는 용기를 통해 배움과 성장의 기회를 얻게 되었다.

도전이 주는 용기, 글이 주는 힘

- 전명희

『엄마 독립 선언』책을 통해 글을 쓰기 시작했다. 글의 힘은 내 생각의 정리 차원을 넘어서 다른 사람에게 시작의 용기를 주었다. 이 시작은 타인의 성장을 돕는 것에만 그치지 않고, 나 자신의 성장도 함께 얻을 수 있다는 깨달음으로 이어졌다. 급변하는 세상 속에서 지금 무얼 해도 되는지 스스로에게 많이 질문했다. 이미 세상에 다 있는데 배워서 시작하는 것이 무슨 의미가 있을까? 하지만 의미는 내가 강요하거나 찾아야 할 필요가 없다. 그저 시작과 실행하는 과정에서 자연스럽게 찾아온다는 것을 깨닫게 된다. 세상에 이미 많은 것들이 존재하지만, 내가 하고자 하는 일에 배움과 실행을 선택하며 원하는 일을 해보라고 전하고 싶다. 그리고 나 자신이 원하는 일에 도전함으로써 의미와 성과를 경험할 수 있다는 것도 함께 전하고 싶다.

내게 오는 모든 경험이 우연한 일이 아니라, 어느 순간부터 다른 시작의 발판으로 이어진다는 사실을 알게 된다. 지금 현재의 시간을 감사하며 소중히 사용하고 있다.

우리는 무엇이든 할 수 있는 사람

- 장한아

이제 갓 스무 살. 아직은 불완전하고 정해진 것 하나 없는 초년생이지만, 시작의 문턱에 서 있는 나이이기 때문에 두려움보다는 용기를 무기로 가지고 나아가고 싶다. 20년의 시간은 앞으로의 시간에 비해 짧다고는 할 수 있지만, 그동안의 작은 경험들은 나를 성장시키고 풍부한 인생을 쌓을 수 있는 소중한 자산이 되었다. 그 경험들이 나를 더욱 강하게 만들어주고, 앞으로 나아갈 수 있는 열쇠가 될 거라고 믿는다. 고민하고 방황하며 시작하지 못하는 청년들에게 글을 통해 작게나마 용기를 주고 싶다. 우리는 무한한 가능성이 열려 있는 청년이라고 말해주고 싶다.

그저 머물러만 있는 추억이란 없다

- 신수옥

　남들처럼 성공한 삶을 살고 싶었다. 성공을 정확하게 정의 내릴 수 없기에 내가 할 수 있는 일을 계속해 왔다. 쉼 없이 달려온 나의 인생을 글을 통해 하나씩 꺼내 보았다. 낡은 책장에 뒤죽박죽 꽂혀 있는 책처럼 지나치면 아무도 모르는 엉켜 있는 추억인 줄 알았다. 그러나 한 권 한 권 정리하듯 추억들을 꺼내어 읽어보니, 그 모두에 지금의 나를 만들어준 도전이라는 단어가 있었다. 조금 지칠 때마다 내 마음속 낡은 책장을 정리해보기로 결심했다.

　"넌 참 열심히 살아왔구나!"

　추억은 기억의 창고에만 머물러 있는 것이 아니라 바로 지금의 삶을 있게 만든 도전의 발자취였다.

　우리의 인생은 과거의 도전과 성공, 실패와 배움으로 채워져 있다. 그 경험과 추억들은 우리가 어떤 사람으로 성장하고 있는지를 알려주는 단서일지도 모른다. 때로는 힘든 시간과 어려움을 겪으면서도 우리는 계속해서 도전하고 나아간다. 추억을 되짚어보고 용기와 열정을 되새겨보며 미래를 위해 다시 시작해보고 싶다.

주저 말고 시작하라, 그리고 나아가라

- 박미경

26년간의 영어 교육 여정을 통해 문화영어 전문가로 성장했다. 영어의 시작으로 글로벌 문화를 경험하며, 그 과정에서 생각의 변화가 찾아왔다. 교육 환경이 입시 중심으로 변하는 동안에도, 항상 글로벌 시민 교육을 반영하는 교육철학을 지켜왔다.

개인 맞춤 수업은 학생들에게 영어 학습에 대한 호기심을 자극하고, 포기하지 않고 노력할 수 있도록 했다. 그 결과로 학생들은 자신감 있게 영어를 구사하며 글로벌 무대에서 세계시민으로서 성장할 수 있었다. 영어 교사의 시작이 청소년들에게 세계와 가까워지는 열쇠인 '영어'를 선물하게 되었다.

만약 지금이 늦은 시기라고 생각된다면, 지금 이 순간부터 시작하면 된다. 영어를 배우는 것은 속도보다 시작과 지속이 중요하다. 어떤 나이든 상관없이 중요한 것은 시작하는 용기와 계속해서 발전해 나가는 의지이다. 중요한 것은 포기하지 않고 지속적으로 노력하는 것이다.

새롭게 시작하는 모든 이를 위해

- 문숙

앞만 보고 바쁘게 살다가 문득 몹시 지쳐 있는 나 자신을 발견하게 되었다. 조용히 눈을 감고 어릴 적 꾸었던 작고 소박한 꿈을 꺼내 본다.

여전히 막연하고 불확실한 인생이지만 시작하지 않으면 아무 일도 일어나지 않는다는 누군가의 말을 곱씹으며 일단 나서보련다. 나의 소박한 글이 삶에 지치고 힘든 사람들에게 꿈과 시작이라는 단어를 다시 찾게 만든다면 그것으로 만족이다.

정상에 오르고픈 욕심은 없다. 산 중턱을 지키는 산지기가 되어 새로운 시작을 꿈꾸는 사람들을 편안히 맞이하고 싶다.

목차

Chapter 1

전명희 이야기: 시작이 주는 또 다른 시작

1 내 안의 거인을 깨우는 시작의 힘 017
2 『엄마 독립 선언』 작가가 되다 026
3 새로운 출발! 1인 기업 034
4 글로 브랜딩이 되다 041
5 커뮤니티는 나의 힘 048
6 〈나홀로 아웃풋〉, 교육 비즈니스 플랫폼 꿈을 꾸다 054

Chapter 2

장한아 이야기: 스물! 아무것도 없는 챌린지

1 스물, 이제 시작하는 시간 065
2 나를 찾아가는 여행 070
3 무엇이든 할 수 있는 용기 075
4 무모해도 괜찮아, 일단 직진 081
5 두려움이 더 이상 두렵지 않다면 자신감이 된 거야 087

Chapter 3

신수옥 이야기: 시작했으면 한 번은 인생을 걸어라

1 반짝반짝 빛나던 나의 꿈을 기억하라 099
2 집중할 목표를 찾아라 106

3 시작했으면 한 번은 인생을 걸어라 112

4 위기의 순간! 생존의 순간! 124

5 잘되는 학원, 망하는 학원 134

6 지나온 20년 다가올 20년 140

Chapter 4

박미경 이야기: 영어, 인생 2막의 열쇠

1 한 번뿐인 내 인생, 영어를 잘한다면 151

2 세상으로 나아갈 준비를 하라 160

3 날마다 성공하는 영어 공부의 코칭 168

4 영어의 날개로 세계를 넘나드는 아이들 184

5 오늘은 영어 공부하기 딱 좋은 날 193

Chapter 5

문숙 이야기: 마침내 다시 봄!

1 오십, 인생을 돌아보다 207

2 어느 날 문득… 나를 발견하다 211

3 오늘 나의 봄을 다시 열다 216

4 한 걸음 한 걸음 나를 넘어서며 222

5 나이 듦의 여유 228

6 잊었던 꿈을 다시 찾다 234

Chapter 1

전명희 이야기:

시작이 주는
또 다른 시작

바쁜 일상 속에서 내가 무엇을 잘하는지 알지 못하고 지나칠 때가 있다. 주어진 내 삶에 큰 실패 없이 먹고사는 데 불편함이 없으면 평범한 일상에 감사해야 한다고 생각했다. 그런데 어느 날, 일상의 지루함이 오고 말았다.

나는 무엇을 잘할 수 있을까?

무엇을 시작하기에 늦은 나이일까? 두려움과 주저함이 앞서지만 시작하고 싶다. 시작은 용기와 결단력을 요구하지만, 그 보상은 자기 성장과 성취감을 가져다준다.

"한 걸음을 내딛는 것은
천 마디의 말보다 가치가 있다."

|

랄프 왈도 에머슨

(Ralph Waldo Emerson)

1

내 안의 거인을 깨우는 시작의 힘

"진정으로 강한 여성은 자신의 힘과 능력을 인정하고,

자유롭게 선택하며, 자기 존중과 독립을 추구한다."

|

미셸 오바마

나는 무엇을 잘할 수 있을까?

20대 중반, 나는 아는 사람 하나 없는 캐나다로 떠났다. 어학연수를 하고 싶다는 생각에서였다. 오로지 나 홀로 맞닥뜨린 캐나다의 낯선 사람들과 새로운 문화는 오히려 내 도전 의식을 자극했다. 인생의 방향을 바꾼 첫 번째 시작이었다.

딸이 넷인 평범한 가정의 막내로 자란 나는 다양한 문화를 접하지 못했다. 평범한 집안에서 태어나 50을 바라보는 내 또래 여자들은 비슷할 것 같다. 먹고살기 바빠서 문화생활이라는 용어조차 생소했던 시절의 부모를 둔 우리는 문화적 경험은 생각조차 할 수 없었다. 하지만 다행스럽게 우리 엄마, 아빠는 딸 넷이 무엇을 하겠다고 했을 때 반대를 한 적이 없다. 덕분에 모두 각자 알아서 자신의 인생을 잘 살아가고 있다.

어학연수도 마찬가지였다. 직장 생활 딱 1년 하면서 모은 돈으로 무작정 떠났다. 부모님도 반대하지 않았다. 나는 하고 싶은 마음이 요동칠 때 바로 실행하지 못한다면 나중에라도 계획을 세워 꼭 하고 마는 성격이었다. 되돌아보면 짧은 내 인생에 남들보다 많은 경험을 할 수 있었던 것도 그 덕분이지 않을까 싶다.

캐나다에서의 생활은 집과 직장만 쳇바퀴 돌 듯하던 따분한 프레임 속의 나에게 신선한 충격을 주었다. 규정된 틀 안에 살던 나의 뇌가 모든 것을 받아들일 수 있도록 유연하게 바꿔주기도 했다.

내 인생에 전환점이 된 캐나다 유학. 그곳에서부터 정답이 하나가 아니라는 생각의 다양성이 생겼다. 그 당시 나는 먹고 싶은 것, 사고 싶은 것을 걱정 없이 해결할 수 있는 형편이 아니었다. 돈이 늘 부족한 학생 신분이었다. 그래서 대부분의 짧은 거리는 걸어 다니며 세상 구경을 했다. 걷다 힘들면 공원이나 계단에 앉아 사람 구경을 했다. 커피 한잔을 손에 쥔 채 천천히 마시며 여유를 느끼는 사람처럼 앉아 있기도 했다.

바쁘게 지나다니는 사람, 홈리스라고 적힌 종이 한 장을 몸에 붙이고 구걸하는 사람, 한마디씩 말을 걸어주는 사람 등 사람들의 다양한 행동을 보며 이런저런 생각을 참 많이 했다. 그때부터 '왜?'라는 단어를 머릿속에 넣고 다녔다.

'왜 저렇게 바쁘게 뛰어갈까?', '멀쩡한 젊은 청년이 왜 일을 안 하고 돈을 구걸할까?', '왜 외국 사람들은 얼굴에 여유가 있어 보일까?'

꼬리에 꼬리를 무는 궁금증이 너무 많았다. 그리고 그 궁금증은 언제나 나의 캐나다 선생님께 질문을 하거나 옆에 앉아 있는 모르는 사람에게라도 바로 "익스큐즈 미." 하며 물어보았다. 영어를 못한다는 부끄러움보다 동양인 여자가 처량하게 혼자 앉아 있는 것이 어색해 보일까 싶어 나만의 친화력으로 외국인들에게 말 걸기를 시도했다. 20대, 길지 않은 1년 동안의 해외 적응기는 지금까지도 새로움에 적응하는 힘의 밑거름이 되고 있다.

　새로운 문화 경험은 직장을 선택할 때도 큰 도움이 되었다. 현재 내가 갖고 있는 능력만 사용하기를 원하는 회사보다 나를 성장시켜줄 수 있는 직장을 구하고 싶었다. 젊은 나이에 좀 더 많은 것을 배우길 원했고, 시간이 지나 경험이 바탕이 된 나만의 비즈니스를 하는 꿈도 생겼다. 직장 생활에 임하는 나의 태도는 이미 사장이었다. 사장 마인드가 나를 가득 채우고 있었다. 사교육 교육기관의 교사로 시작한 나는 학부모와 학생의 마음을 분석하고 그들의 니즈에 알맞은 해결 방법이 무엇일까에 대해 고민했다. 매주 자체 프로그램을 기획해야 하는 것도 해결해야 할 과제가 아니라 성장의 의미로 생각했다. 꾸준한 성장의 노력은 부원장이라는 직함으로 학원 경영에 참여하는 기회를 얻게 되었다. 책임감, 사장 마인드, 고객의 니즈 파악, 더불어 개인의 성장은 막연하게 생각했던 나만의 비즈니스 오픈 계획과 가까워지는 느낌이었다. 경영과 기획을 배우면서 나의 성장엔 문제가 없어 보였다.

결혼을 하고 아들을 낳고 4년 뒤 둘째 아들이 태어났다. 그동안 직장을 그만두고 다시 취업하는 전업주부와 워킹맘의 반복이 있기는 했지만 사장 마인드로 육아와 일 모두 최적의 관리와 조절을 할 수 있을 거라 믿었다. 그러나 뜻대로 되지 않았다. 둘째가 태어난 지 8개월쯤 되었을 때 더이상 일을 하는 것이 무의미하다는 생각이 들었다. 직장 생활을 유지하려면 아들 둘을 베이비시터에게 맡겨야 했다. 그러나 쉽지 않은 일이었다. 마음에 드는 분이 면접을 보면 시간이 안 맞고, 모든 조건이 맞는다고 판단되면 육아 스타일이 너무 마음에 안 들었다. 그렇게 온갖 스트레스를 받으며 직장에서 마지막 인수인계를 마쳤다. 그 순간에는 엄마 역할을 제대로 하는 것이 최고의 선택이라고 생각했다.

그때부터 오로지 엄마의 삶으로 보냈다. 아들 둘의 엄마로서 최선을 다했다. 아들을 위해 봄, 여름, 가을, 겨울 체험학습을 기획했다. 운동 신경이 좋은 나는 아들의 운동 파트너가 되었다. 축구, 야구, 배드민턴 등 2인 이상이 하는 단체 운동을 함께 하며 아들의 체력을 챙겼다. 운동장에서 만난 다른 가족들은 나와 아들이 운동하는 모습을 보며 아들보다 엄마인 나의 체력에 놀라워했다. 부모에게 물려받은 운동 신경이 빛을 발하는 순간이었다. 하지만 운동도 딱 거기까지였다. 운동을 잘하는 나도 못하는 것이 있다. 바로 수영, 스키, 인라인 같은 개인 종목 운동이다. 부모님 입장에서는 수영, 스키 등 비싼 비용을 내야 하는 운동을 막내딸이라고 해서 굳이 투자할 일은 없었기 때문이다.

지금도 나는 수영과 스키를 못한다. 수영은 물이 무섭고 스키는 다칠까 봐 무서워서 엄두가 안 난다. 아이들이 취미로라도 운동을 잘하길 바라는 부모라면 어릴 때부터 가르치는 것이 좋겠다고 생각한다. 몸과 마음이 다 커서 새로 운동을 시작하는 것이 생각처럼 쉽지 않기 때문이다.

아이들과 추억을 나눌 때면 함께 땀 흘리며 운동한 기억이 제일 먼저 떠오른다. 그러나 그런 아이들과 함께하는 시간도 잠시이다. 아이들은 성장하고 엄마를 찾는 시간이 점점 줄어들기 시작했다. 유치원이 끝나고 "엄마, 놀이터에서 놀래." 하며 엄마를 놀이터 죽순이로 만들었던 시간도 더 이상 돌아오지 않았다. 둘째는 취미가 다양해서 취미 생활에 빠져들면 더 이상 엄마의 존재가 중요하지 않은 아이였다. 나에게 허락된 시간이 너무 많아졌다. 영화도 보고, 쇼핑도 하면서 하루하루 나의 시간을 즐기게 되었다. 한 달, 두 달이 지나면서 나에게는 소비하는 시간만 남았다. 시간은 많은데 재충전으로 에너지가 생기는 것이 아니었다. 점점 또 다른 스트레스가 찾아왔다. 감사가 없는 나, 행복이 없는 나, 비교하고 있는 나를 발견했다.

'나는 왜 힘들까?'라는 질문을 스스로에게 했다. 나에게는 경험과 성장이라는 내적 욕망이 컸다. 주변을 둘러보니 남편은 사회적으로 가장 일을 많이 해야 하는 40대가 되었고, 아이들은 점점 성장하면서 자신만의 영역을 만들어가고 있다. 그런데 나는 막상 할 수 있는 것이 아무것도 없었다. 이력서를 꺼내 놀이학교 원장 자리에 지원해 볼까? 하는 생각도 했다. 너무 오래 쉬기도 했지만 월급 받는 일을 하고 싶지 않았다. 자신감이 떨어진 것도 사실이다. 적은 돈을 벌어도 주체적으로 내가 결정권을 가진 일을 하고 싶었다. 생각만 머릿속에 맴돌고 무엇을 먼저 해야 할지 전혀 계획할 수 없었다. 그렇게 시간은 1년, 2년 지나며 주저하는 나의 모습이 보였다. 휴대폰의 메모를 찾아보니 '2021년은 실행의 해'라고 적혀 있었다. '실행'이라는 단어를 보는 순간 알았다. '도대체 넌 무엇을 실행하려고 했니? 목적 없이 실행을 어떻게 한단 말이냐?' 나 혼자 헛웃음이 나왔다. 다시 처음으로 돌아갔다. '왜?'라는 물음을 나에게 던져보았다. '왜 일상생활이 지루하니?', '왜 컴퓨터에 앉아서 시간을 보내니?' 다음은 '무엇을'이었다. '넌 무엇을 하고 싶니?', '넌 무엇을 하고 싶었니?' 나에게 던지는 질문들에 하나씩 답해 갈 무렵 직장을 다닐 때부터 입버릇처럼 말하던 것이 떠올랐다.

"책을 쓰고 싶다."

책을 많이 읽은 사람도 아니고, 블로그에 글을 제대로 써본 적도 없었다. 내 안의 강점이 있다면 경험이 많다는 것이었다. 많은 사람을 만나면서 보고 듣고 경험한 것들을 내 언어로 쓴다면 누군가에게 도움이 되지 않을까 하는 생각을 했다. 나의 재능을 적극적으로 활용하는 것도 생각해 보았다. 재능이라고 할 수 있을지는 모르지만 나에게는 '리더십'이 있었다. 어릴 때부터 부모님의 지시 없이 내가 스스로 계획하고 진행했던 일들의 실패와 성공담이 또 다른 나와 비슷한 상황에 있는 사람들에게 진정성 있게 다가갈 수 있을 것 같았다.

지금 나에게 필요한 것은 시작이다. 책을 써야지 마음을 먹은 순간부터 방에 쌓여 있는 책들이 눈에 들어왔다. '갑자기 저렇게 두꺼운 책을 어떻게 쓰지?' 다시 시작을 망설이게 하는 부정적인 마음이 훅 들어왔다. 부정적인 마음부터 잠시 쓰레기통에 버리고 나만의 시간에 오로지 글을 쓰기 시작했다. 그 글이 출간이 될지 안 될지 의심조차 갖지 않았다. 마라톤을 뛴다는 생각으로, 완주하겠다는 마음으로 시작을 했다. 출발선에서 한 발을 떼는 순간 쉬지 않고 나만의 속도로 달려보기로 했다.

내 인생을 바꿀 또 한 번의 출발이다. 이 새로운 시작으로 내 안에 있는 커다란 거인이 깨어나고 있는 것 같다. 다시 설레고 흥분되고 희망에 가득 찬다.

2

『엄마 독립 선언』 작가가 되다

"독립은 당신이 세상을 바라보는 자세에서 시작된다.

내면에서 자유로워지고 견고한 힘을 키워 나아가라."

존 F. 케네디

미용실에서 펌을 하고 있었다. 휴대폰이 울렸다. 모르는 번호였다. '앗! 출판사일까?' 원고를 완성해서 출판사에 보내놓은 지 3일째 되는 날이었다. '드디어 출판사에서 전화가 온 건가?' 목소리를 가다듬고 전화를 받았다.

"여보세요?"

"아, 전명희 작가님이세요?" 예감이 맞았다. "여기 ○○○ 출판사인데요. 출간기획서가 마음에 드는데…."

"저, 죄송한데요. 제가 지금 회의 중인데요. 제가 두 시간 뒤에 전화 드리겠습니다. 괜찮을까요?"

출판사에서 처음 전화를 받는 거라 가슴이 뛰었다. 하지만 머리에 롤을 말고 집중하지 못한 상황에서 전화를 받고 싶지 않았다. 우선 그 상황을 잘 마무리했다.

지난 시간들이 눈앞에서 휙 지나갔다. 원고를 완성하고 출간기획서도 정성스럽게 썼다. 출판사에 메일을 보내야 하는 차례가 되자 머리가 복잡했다. 놀이학교 교사 면접을 보기 위해 수많은 이력서 메일을 받아보던 내가 내 책을 출간해 달라는 메일을 어떻게 보내야 할지 고민하게 되다니…. 출간기획서가 돋보이도록 하는 메일 보내기 팁도 찾아보았다. 대부분 아침 8시 30분에 100~200개의 출판사에 메일을 보내라고 조언했다. 남들이 블로그에서 말하는 것처럼 정성껏 쓴 출간기획서와 원고를 100개 출판사에 보냈다.

하루가 가고 이틀이 갔다. 연락이 없었다. 그렇게 3일째가 되어 전화가 온 것이었다. 설레고 감사한 일이었지만 선뜻 다시 전화하지 못했다. 사실 나는 출간 기획서를 쓰면서 연락을 받고 싶었던 출판사가 있었다. 그 출판사에서 책을 내고 싶었다.

일주일 뒤 책 제목을 바꾸고 내가 원하던 출판사, 딱 그곳에만 출간기획서와 원고를 보냈다. 다음날 휴대폰에 모르는 번호가 떴다. '아! 출판사 전화인가?' 받아보았다. "여보세요, 여기 미다스 북스인데요." 맞았다. 내가 마지막으로 보냈고 정말 기다리던 출판사였다. 그렇게 나는 『엄마 독립 선언』 작가로 계약을 했다.

작가가 되는 것이 꿈은 아니었다. 그냥 책을 쓰고 싶었다. 그 마음으로 글을 쓰기 시작했더니 작가가 됐다. 책을 쓴다는 것은 쉬운 일이 아니었다. 책을 쓰기로 하고 책상 앞에 앉아 하얀색 모니터를 보며 자판 위에

손을 올려놨다. 내 손가락이 피아노 연주자처럼 현란하게 움직이면 좋으련만…. 마음은 벌써 작가인데 손이 굳어 한 자도 쓰지 못하고 있었다. 한 문장을 써 내려가면 어느새 백스페이스를 열심히 누르며 제자리걸음을 하곤 했다. 책을 쓰겠다고 생각한 내 자신에게 웃음이 났다. '뭐부터 시작해야 할까?', '글을 쓰기 위해 나는 무엇을 해야 하지?' 책을 쓰려고 마음만 먹었지 누굴 위해 글을 쓰려고 하는지 목적이 없었다.

과거의 행적을 찾기 위해 오랜만에 컴퓨터 저장 폴더를 열어봤다. 정리된 폴더들을 클릭하니 가물가물했던 기억들이 하나씩 떠올랐다. 사진으로 남겨진 기록들은 많지 않았지만 수년 동안 일을 했던 교육콘텐츠 기획안들이 쌓여 있었다. 기록들을 하나씩 열어보니 열정을 갖고 일했던 나의 모습들이 스쳐 지나갔다. 한동안 시간 가는 줄도 모르고 보고 있었다.

책을 쓰기 위해 우선 나의 경험들을 적기 시작했다. 내 인생에서 중요하게 생각되었던 일들, 최악으로 기억되었던 일들, 그 일들을 경험하면서 나에게 어떤 변화가 있었는지 나의 일대기를 기록했다. 그렇게 적어 내려가니 내 인생의 가치관들이 하나씩 보이기 시작했다. 가장 두드러진 것은 존중이었다.

막내딸로 태어난 나는 어려서부터 '좋은 게 좋은 거지.'라는 생각으로 내 주장을 펼치기보다는 가족들에게 맞춰가며 살았다. 우리 속담에 '열 손가락 깨물어 안 아픈 손가락이 없다'는 속담이 있다. 여러 자식을 공평하게 대하려는 부모들의 마음에서 나온 표현일 거다. 부모도 사람인데 평생 공평한 마음을 유지했을까? 늦둥이로 태어나 나와 가장 오래 산 부모님은 나를 공평하게 대한다기보다 편안하게 생각했다. 편안함이 만만함으로 변할 때도 있었다. 그러다 보니 가족들에게 나의 감정을 존중받기보다 내가 존중해야 하는 경우가 많았다. 친정 부모를 존중해야 했고, 언니들을 존중해야 했다. 결혼을 하고 며느리로서 나의 생각을 드러내지 않고 시부모님을 존중하며 행동했다. 타인을 존중하는 것도 아주 중요한 일이지만 더 중요한 것을 나는 미처 알지 못했다. 나를 존중하는 것이다. 나는 나부터 존중해야 했다는 걸 살면서 뒤늦게 깨달았다.

나는 나 자신에 대한 명확한 정체성 없이 그저 친절하고 착한 사람처럼 살아가고 있었다. 심리학자 칼 융은 '모든 인간은 가면을 쓰고 산다'고 했다. 이렇게 정확한 말이 또 있을까! 나는 착한 사람의 가면을 쓰고 있었던 것이다. 사회에서의 친절하고 예의 바른 모습이 가정에서는 분노로 터질 때가 많았다. 직장을 다닐 때는 쉴 수 있는 공간이 있었다. 육아와 직장을 겸하는 것이 비록 힘들긴 했지만 아이들의 성장은 정해진 답이기 때문에 나에게 큰 문제는 아니었다. '이 고비만 넘기면 돼.' 하는 심정으로 한 고비 한 고비 넘겼다. 그러나 엄마로서 꼭 지켜야 할 것들이 있다는 것을 깨닫는 순간 우선순위를 정해야 했다. 퇴사를 결심한 이유였다. 나를 찾아야 했다.

그러고는 책을 쓰기 시작했다. 엄마들에 대한 내용이 좋겠다는 생각이 들긴 했다. 놀이학교에서 매일 엄마들을 2~5명 정도 상담했다. 20년 가까이 일을 했으니 얼마나 많은 스토리를 알고 있었겠는가! 그러다 갑자기 쓰고 싶지 않아졌다. 20년 동안 교육기관에서 즐거운 일만 있었던 건 아니었다. 가끔은 간, 쓸개를 집에 놓고 오자 할 때도 있었다.

다른 주제를 생각해봤다. 많은 일들을 겪다 보니 새로운 일을 하고 싶은 생각도 있었다. 30대 중반에 교육기관 일을 그만두고 시애틀에서 한인이 운영하는 식당을 홍대에 오픈한 적도 있었다. 사람은 잘하는 것을 해야 한다고 생각한 것도 이때인 것 같다. 커리큘럼 기획 일을 할 땐 밤을 새도 즐겁고 학원 원장님 컨설팅으로 하루 종일 상담을 해도 지치지 않았다. 하지만 식당 일을 할 땐 한 시간 일을 하는데 왜 그렇게 재미가 없는지…. 아이디어도 떠오르지 않았다.

책을 쓸 때도 그랬다. 다른 주제로 쓰려고 할 때는 썼다 지우기를 반복하며 하루하루가 갔다. 재미가 없었다. 다시 초심으로 돌아가 엄마들에게 도움이 될 책을 쓰자고 마음먹었다. 20년의 기억들이 영화 장면같이 지나갔다. 내가 했던 말들이 영화의 대사처럼 들려왔다. 잠을 잘 때 지난 장면들이 꿈에 나왔다. 작가가 되려면 잠재의식 속에 메시지를 보내라는 말이 있다. 꿈에서 깼을 때 시간이 지나면 잊어버릴까 봐 종이에 적을 때도 있었다. 그렇게 3~4개월의 시간이 흘러 책이 완성되었다. 가족도 모르는 나의 책을 완성한 것이다. 엄마들에 관한 책이었다.

계약한 날 밤 출간계약서를 가족에게 보여줬다. 남편과 아들은 깜짝 놀라며 언제 글을 썼느냐고 물었다. 남편은 내가 글을 쓰는 모습을 본 적이 없다며 너무 놀라워하면서도 자신이 하지 못한 일을 했다는 것에 대해 대단하다고 생각하는 듯했다. 남들도 어떻게 책 한 권을 썼느냐고 한다. 굉장하다고 말하는 사람도 많았다. 그리고 어떻게 가족들에게 말도 안 했냐고 한다. 나는 그냥 작가라는 타이틀도 나의 지나가는 인생의 하나라고 생각한다. 누구나 할 수 있는 걸 먼저 했다면 나중에 하는 사람에게 알려주면 되고 아무나 할 수 없는 걸 먼저 했다면 가르쳐주는 사람이 되면 되는 것이라고 생각한다.

『엄마 독립 선언』의 작가 전명희.

나는 '엄마들이 셀프리더십을 통해 행복한 삶을 살기를 응원하는 꿈'을 꾸고 있다. 많은 엄마들이 진정한 자신의 모습을 찾도록 함께하려는 꿈이다. 그들에게 가장 먼저 해주고 싶은 말이 있다.

"나부터 나를 존중해야 합니다."

엄마의 독립은 여기서부터 시작된다. 모든 개인의 독립도 여기서부터 시작된다.

3

새로운 출발! 1인 기업

M.A.P.ING

● Motivation(동기) 당신에게 동기부여를 드리겠습니다.

● Ability(능력) 당신의 능력이 성장할 수 있도록 돕겠습니다.

● Practice(실행) 당신이 실행할 수 있도록 함께 합니다.

● ING 꾸준한 습관이 됩니다.

M.A.P.ING은 1인 기업의 브랜딩과 홍보를 해주는 내 사업의 핵심 가치이다. 새로 시작하는 1인 기업의 해피엔딩을 위한 콘셉트인 것이다.

『엄마 독립 선언』은 나에게 작가라는 이름을 주었고 1인 기업을 시작할 수 있는 출발선에 서게 해주었다. 책을 출간하고 나는 홍보와 브랜딩을 연관 지어 비즈니스에 대해 구체적으로 생각하게 되었다. 최종적으로는 1인 기업까지 생각이 이어졌다. 1인 기업은 가슴 떨리는 새로운 출발이었다. 하지만 모든 걸 혼자 실행하고 책임져야 하는 부담도 있다. 하나부터 열까지 내가 아이디어도 내고, 실행도 하고, 결과물도 얻어내야 하기 때문이다.

직장을 다닐 때 언제나 꿈꿔왔던 1인 기업. 20~30대의 모든 경험이 쌓였다고 생각되었을 때쯤 시작하고 싶었던 내 일은 자본이 없다는 핑계로 미뤄졌다. 엄마가 되니 시간이 없었다. 그러나 꼭 그런 것도 아니었다. 환경 탓을 하며 합리적 이유를 찾았던 나의 나약함이 더 컸기 때문이다. 『엄마 독립 선언』을 출간하고 나서 나는 부정적인 생각에서도 독립하게 되었다.

나는 1인 기업을 시작하기 위해 책을 쓴 것은 아니지만 책이 출간되자

마자 나의 1인 기업 마인드가 발동되었다. 우선 책을 팔기 위해 블로그에 홍보 글을 쓰기 시작했다. 사실 나는 운이 좋은 편이다. 선배 작가들은 책이 출간되기 전에 자신의 소셜 미디어를 활성화해 놓으라고 한다. 출판사에서 초보 작가의 소셜 미디어를 통해 사회적 인지도를 확인한다고도 들었다. 소셜 미디어가 곧 이력서인 것이다. 나는 그렇지 못했다. 블로그, 인스타그램 등 소셜 미디어를 책이 출간되고 난 후 본격적으로 배우게 됐다. 내 책을 홍보하기 위해서였다. 사람은 역시 절실해야 움직이기 시작하나 보다. 나를 선택한 출판사에 감사한 마음도 있었다. 초보 작가에게 기회를 준다는 것은 그들에게도 이유가 있었을 것이다. 나의 강점인 책임감, 사장 마인드를 글 속에서 느낀 걸까? 그때부터 나의 열정이 다시 살아나기 시작했다.

언젠가 놀이학교를 오픈하고 싶어 하는 원장님으로부터 의뢰가 들어왔다. 나는 프로그램을 기획하고 학원에 필요한 모든 것을 세팅해주었다. 홍보물을 들고 길거리에 나가서 지나가는 엄마들을 붙잡고 열심히 프로그램을 홍보하기도 했다. 교사들은 나에게 원망스런 목소리로 교사가 이런 것까지 해야 하느냐고 했다. 아이들을 가르치려고 왔는데 길거리에서 전단지를 나눠주고 있으니 누가 보면 너무 창피하다고 했다. 물론 교사로서 이런 제안이 이해가 안 될 수도 있다. 나는 교사들에게 자신이 진행할 교육과 기관을 누군가에게 설명할 기회라고 설득시켰다.

　교사는 학부모에게 자신이 가르치는 내용을 잘 설명할 수 있어야 한다. 그래야 아이들에게도 좋은 교사가 될 수 있다고 생각한다. 그런데 이것을 어려워하는 교사가 있다. 학부모에게 때론 단호하게, 때론 부드럽게 내 이야기를 전달해야 할 때가 있는데 그 시간을 잘 활용하지 못한 교사는 1년 내내 힘든 일정을 이어가야 한다. 부모도 아이도 협력자로 만들지 못하기 때문이다. 그래서 교사는 부모에게 자신의 교육 내용과 방침을 잘 설명하기 위해 항상 준비하고 기회를 봐야 하는 것이다. 이런 원칙은 내 책을 홍보할 때도 똑같이 적용되었다. 책을 아무리 잘 쓰더라도 홍보를 제대로 못 하면 그 가치를 알릴 방법이 없는 것이다.

　시대가 바뀌었다. 전단지를 들고 한 사람씩 만나 나를 홍보할 수가 없다. 책을 팔기 위해 주변 작가들에게 어떻게 해야 하느냐고 물어봤다. 우선 아는 지인들에게 전화를 해서 홍보를 하라고 했다. 성격상 연락이 뜸했던 사람에게 전화해서 "나 책 출간했어. 책 사 줄래?"라고 말을 할 수가 없었다. 연락을 안 하고 지내던 친구에게 오랜만에 전화해서 "안녕, 잘 지내지? 우리 애 돌이야. 올 수 있지?"라고 말하는 것 같았다. 그렇게 하는 내 모습을 상상하니 너무 민망했다. 나의 방법을 찾아야 했다. 이것이 1인 기업의 시작이었다.

20년간 했던 경험을 바탕으로 지식창업을 했다. 강의를 하나씩 오픈했다. 강의는 무료인 대신 내 책을 구입한 사람만 들을 수 있도록 했다. 이전에 온라인 강의에 필요한 디지털 도구 사용법에 대해 자격증을 따 놓은 상태였다. 준비한 사람에게 기회가 온다는 말은 맞았다. 그리고 20년 동안 나는 늘 당연하다고 생각했던 '아이디어를 강의로 기획하는 방법'들이 다른 사람들로부터 신박하다는 소리를 듣게 되었다. "아, 이런 것을 강의해도 되겠구나." 하는 생각이 들었다. 이 시작은 교육 콘텐츠를 기획하던 나에게 불씨가 되었다.

핸드폰 메모에 매일 몇 줄씩 쓰기 시작했다. 지나가다 생각나면 적어나갔다. 아이디어는 계속 나왔다. 옛날 생각이 났다. 나는 프로그램 기획을 좋아했다. 내가 경력 단절이 되었을 때도 프로그램 기획 일을 계속하고 싶어 글로벌 청소년 협회에서 자원봉사도 했다. 밤을 새며 기획했던 것도 기억에 남는다. 역시 내가 잘하고 좋아하는 일을 하는 것이 가장 즐겁고 행복하다. 그런 일을 다른 사람이 아닌 나를 위해 하는 것이 1인 기업이니 더 이상 신나는 일은 없었다. 나를 위해 콘텐츠 기획을 하니 머릿속에서 아이디어가 링크로 연결된 것처럼 떠올랐다. 누가 시키지 않아도 무엇을 배워야 할지 다음 스텝이 눈에 보였다.

처음 1인 기업을 준비할 때는 회사명, 비전, 사명, 홈페이지 등 보이는 것에 더 초점을 맞췄다. 그러다 보니 생각만 많고 실행을 하지 못했다. 물론 처음부터 잘하는 사람도 있겠지만 나처럼 생각이 많은 사람은 할 수 있는 것부터 해야 한다. 사람마다 시작점이 다른 것이다. 누군가는 브랜딩을 먼저 하고 책을 썼을 수도 있겠지만 나는 책을 쓰고 강의를 하나씩 만들어 가면서 브랜딩을 해나가게 되었다.

인터넷에서 '월 1,000만 원을 벌 수 있어요.'라는 홍보 문구들을 쉽게 접할 수 있다. 그 강의를 들으면 나도 자연스럽게 똑같이 벌 수 있을 것 같았다. 그렇게 흘려보낸 돈이 얼마나 많은지…. 1인 기업을 준비하는 사람들에게 필요한 것 중 하나는 메타인지였다. 내가 부족한 것, 내가 잘하는 것, 내가 지금 필요한 것, 지금 필요 없는 것 등 우선순위를 정확하게 정할 수 있어야 했다. 누구나 월 1,000만 원을 바로 벌 수 있는 게 아니다. 누구나 책만 출간하면 브랜딩이 되고 자연스럽게 1인 기업 대표가 되는 해피엔딩 드라마의 주인공이 되는 것이 아닌 것이다. 해피엔딩을 위해서는 끊임없는 도전과 실패를 통해 성공의 경험을 쌓아가야 한다. 날마다 자신을 브랜딩하며 한 걸음 한 걸음 가야 하는 것이다. 내가 먼저 경험한 것을 다른 이들에게 알려준다면 정말로 해피엔딩이 될 확률이 높아질 것이다.

나의 1인 기업 드라마의 해피엔딩은 내가 시행착오를 겪으며 얻은 결과를 새로 시작하는 사람들에게 강의하는 모습이다. 수많은 해피엔딩의 주인공을 많이 만들어내는 것이다.

　1인 기업은 나의 새로운 시작이다. 다른 사람과 비교해서 거창하지 않아도 된다. 단지 나의 강점을 단단하게 만들어서 씨앗을 뿌리듯 시작을 알리면 그 씨앗이 열매로 돌아오는 날이 올 것이다. 중요한 것은 그 씨앗을 왜, 어떻게, 어디에, 누구를 위해 뿌려야 할지 명확하게 알고 시작해야 한다는 것이다. 시간이 걸릴 수는 있어도 꼭 해피엔딩으로 끝을 맺고 싶다.

4

글로 브랜딩이 되다

절대 어제를 후회하지 마라.

인생은 오늘의 내 안에 있고

내일은 스스로 만드는것이다.

L. 론 허바드

모든 경험은 지식 창업의 씨앗이 된다

"글이 술술 읽혀."

"어렵지 않아서 좋아."

『엄마 독립 선언』이 출간된 후 지인들의 반응이었다. 전문 작가도 아니고 초보 작가가 에세이 형식으로 일상 이야기를 쓴 것인데 딱히 어려울 것이 뭐가 있을까. 당연히 쉽게 읽힐 거라고 생각했다.

어떤 지인들은 책을 썼다는 것에 대해 놀라워했다.

"어떻게 책을 쓰셨어요?"

"책을 쓰다니 대단해요."

그런 말을 들으면 '아, 내가 책 한 권을 다 썼구나. 어떻게 썼지?' 하며 스스로 놀라곤 한다. 하지만 시작할 때부터 해볼 만하겠다는 생각은 못했다. 하다 보니 결과가 있었다. 그래서 칭찬하는 지인들에게 "당신도 할 수 있어요." 하며 책 쓰기를 권하고 있다.

교육기관에서 일하면서 생긴 나의 습관이 하나 있다. "왜?"라고 질문을 하는 것이다. 이것을 나에게도 적용해볼 때가 있다. 책을 읽은 지인들의 반응에 대해서 생각해봤다.

'왜 내가 쓴 글이 쉽게 읽힐 수 있었을까?'

많은 사람이 그렇게 느꼈다면 그건 나의 강점이 될 수 있을 것이기 때문이다.

직장 생활 15년 동안 생후 18개월인 유아부터 초등학생까지 가르치는 교육기관에서 일을 했다. 교육 프로그램을 기획하고 학원 교사와 학부모를 대상으로 교육과 더불어 상담, 프레젠테이션하는 것이 나의 일이었다. 학생과 학부모를 이해시키기 위해서는 간략하고 명확하게 설명해야 했다. 이런 훈련이 된 것이 첫 번째 이유인 것 같다.

7년 동안 글로벌 청소년 협회에서 외국인과 함께 일을 했다. 그 경험을 통해 외국인을 대상으로 한국어를 교육했다. 내 기준으로는 쉽게 설명했다고 생각했는데 외국인은 이해하지 못한 눈으로 나를 쳐다볼 때가 많았다. 그럴 때마다 좀 더 쉽게 설명하기 위해 내 두뇌가 지끈거렸다.

외국인이 수업 중에 "이런 모자를 어디에서 사요?"라고 물은 적이 있다. 갑자기 물어보는데 나에게는 이따위 모자를 도대체 왜 샀느냐는 뜻의 부정문처럼 들렸다. 그러나 외국인 친구가 말한 '이런'이라는 뜻은 종류, 모양을 의미했다. 다시 말해 "당신이 쓰고 있는 여성스러운 모자는 어디에서 사요?"라고 물어본 것이었다. 참 한국말은 어렵기도 하다. 그때부터 나는 외국인의 입장에서 이해하고 복잡하지 않고 단순하게 설명하려고 노력했다.

오랫동안 이렇게 다듬어진 좀 더 쉽게, 좀 더 단순하게 설명하는 버릇이 아마 책에 녹아든 게 아닐까.

경험은 현재와 미래의 초석이 된다

나의 책은 주변 지인들에게 용기를 주었다. 내 책을 읽은 사람들은 책을 잘 읽었다고 하면서 한 번쯤 자기도 책을 써보고 싶다는 이야기를 했다. 읽기 쉽게 쓰인 나의 책은 도전이라는 생각조차 할 수 없던 누군가의 가슴을 뛰게 만들었다. 책 출간 후 모임에 나가면 누가 먼저라 할 것 없이 자신들의 꿈에 대해 이야기를 시작했다. 작가를 꿈꾼 사람은 없었지만 소녀 감성으로 끄적이던 연습장 하나는 다들 가지고 있었다. 나의 스토리가 불씨가 되어 친구들은 자신의 이루지 못한 꿈에 대해 하나둘 보따리 풀 듯이 이야기하기 시작했다. 이야기를 듣다 보니 책 쓰기를 잘 했구나 하는 생각을 했다. 지금 내가 무슨 일을 해야 할지 망설이고 있다면 서점에 가서 마음에 드는 책을 하나 골라서 읽어보는 것도 좋겠다. 지금 이 책을 읽고 있는 당신이 과거의 당신에게 질문을 해보는 것도 괜찮을 것 같다.

"너는 15살, 17살, 20살에 무엇을 하고 싶었니?"

인연이란 어디에서 어떻게 찾아올지 알 수 없다. 책이 출간된 지 5개월 남짓 지났을 뿐인데 나에게 또 다른 도전이 시작됐다. 책을 쓰고 나니 책 기획에 대해 구체적으로 생각을 하게 되었다. 아이디어가 생기고 같이할 사람들이 보이기 시작했다. 그 친구들에게 전화를 걸었다. 나의 생각을 구체적으로 전달했다. 내 책을 팔 때는 머뭇거리던 말이 술술 나오기 시작했다. 나를 위한 것이 아닌 상대를 위한 진정성이 전달되었을까? 다들 흔쾌히 함께하기로 했다. 이렇게 모인 사람이 다섯. 우리는 나이도 경력도 살아온 경험도 다 다르지만 함께 책을 쓰기로 했다.

이렇게 탄생한 책이 지금 당신이 읽고 있는 이 책이다. 기대에 부풀어 함께 책을 쓰기로 시작했지만 다들 걱정이 앞섰다. 나와 다르게 다른 작가들은 처음 쓰는 글에 대한 두려움과 우려가 있겠지만 나는 이들의 책에 대한 마케팅을 어떻게 해야 할지 홍보의 책임감이 있었다. 이제는 작가라는 신분을 넘어 경영의 마인드로 함께하는 작가들에게 좋은 안내자의 역할을 해야 하는 부담감이 생긴 것이다. 다른 사람들은 글쓰기를 통해 책이 출간되고 강연을 하고 있을지도 모를 이 시간에 나는 나의 강점으로 기획 일을 하고 경영이라는 시스템 속으로 들어와 있다. 그토록 1인 기업을 위해 생각하고 노력했던 일이 나도 모르게 글로 브랜딩이 되어가고 있었다. 꾸준하게 하다 보니 결과가 생겼다. 결과가 없다고, 돈도 안 된다고 중간에 멈췄다면 지금도 인터넷에서 남들이 하는 것만 보면서 시간을 소비하고 있는 나의 모습만 남아 있을 것이다.

　글을 쓰기 시작한 지 1, 2주가 지나면서 나는 인터넷 신문 기자에 도전할 기회를 얻었다. 기자가 되면 초보 작가들의 브랜딩 기획을 해주고 그 기사를 직접 인터넷에 노출해준다면 마케팅으로는 금상첨화라고 생각했다. 하나의 단단한 중심 생각이 확장되기 시작했다. 목표가 생기니 과제도 열심히 하게 되고 결국엔 1호 기자로 성공사례발표를 하게 되었다. 중년의 나이에 글로 브랜딩이 되고 글로 나의 커뮤니티를 만들고 글로 1인 기업의 시작을 하게 될 줄은 상상도 못했다. 하지만 나는 이미 1인 기업

인처럼 행동하고 다녔다. 언제나 대표처럼 당당하게 말이다.

  나는 무엇이든 하고 싶을 때, 이미 그렇게 된 것처럼 믿고 당당하게 생활하려고 한다. "난 못해."라고 말한다면 언제나 못 할 수밖에 없지 않을까. 못 하는 이유를 찾게 될 거다. 50을 앞두고 더는 시간을 허비하고 싶지 않은 나의 다짐이다.

5

커뮤니티는 나의 힘

자신감 있는 표정을 지으면 자신감이 생긴다

|

찰스 로버트 다윈

"다음 10년은 커뮤니티크리에이터의 시대."

김미경 작가가 유튜브 MKTV 김미경TV '커뮤니티의 비밀' 편에서 한 말이다. 개인이 가지고 있는 능력이 웹 3.0을 바탕으로 서로 얽히면서 커뮤니티를 형성하는 세상이 전면화할 것이라는 예상이다. 아이러니 같지만 1인 라이프의 시대일수록 커뮤니티가 더 중요해진다는 말이다.

혼자 밥을 먹는 것으로 시작해서 혼자 술을 먹고 혼자 영화도 보는 나홀로족의 시대가 이젠 어색하거나 낯설지 않다. 남들에게 방해받기를 싫어하는 문화가 트렌드가 되어가고 있다. 그러면서도 자신의 생각과 작업을 공유하며 소속감이나 유대감을 갖고 싶어 하는 특성도 나타나고 있다. 그래서 SNS를 중심으로 자신의 감성과 지식을 공유하고 공감하는 활동이 활발하다. 아무리 1인 라이프를 중시하더라도 사회적 유대관계를 이어나가는 인간 본연의 특성은 계속 유지되고 있는 것이다.

커뮤니티는 새로운 문화와 가치를 형성하고 함께하는 힘을 발견하게 해준다.

일을 그만두고 소속감을 잃어가고 있을 때 경력 단절이라는 좌절보다 사회와 단절된다는 느낌이 더 크게 다가올 때가 있다. 개인주의 성향을 가진 나는 혼자 영화를 보고 쇼핑을 하면서 혼자만의 시간을 갖는 것이 익숙했다. 그러나 그것이 점점 지루해질 때가 있다. 바로 그때 새로운 커뮤니티가 새로운 활력이 되었다. 커뮤니티 속에서 나는 지속적으로 아이디어를 창출했고 결국엔 코로나로 모든 것이 멈추는 것처럼 보일 때 방구석에서 책을 출간할 수 있었다.

아이들이 성장하면서 엄마인 나도 같이 성장을 했다. 아이들의 학년이 높아질수록 엄마 모임으로 한정되어 있던 나의 모임들이 점점 변화되기 시작했다. 첫 시작은 책모임이었다. 책모임에 참여하기 전에는 아이들에게 책을 읽으라고 잔소리만 했다. 나부터 책을 읽으려는 노력은 정작 한 적이 없었다. 아이들에게 책을 읽고 있는 모습을 보이기 위한 시늉만 했던 것 같다. 책모임을 하는 3개월 동안 정해진 책을 읽어야 했다. 책을 읽지 않으면 나 혼자 강의 시간 내내 다른 사람의 발표만 듣고 있어야 했다. 한두 번 읽지 못한 경우가 있었다. 어느 누구도 뭐라고 하지 않지만 이런저런 핑계를 대게 되고, 혼자 가슴이 두근거렸다. 그렇게 나의 인생 첫 책모임을 마칠 수 있었다. 혼자였다면 절대 읽지 않을 두껍고 다양한 책들을 경험하게 되었다.

한 여자가 결혼을 하고 엄마가 되면 소속감을 느끼지 못하는 때를 경험한다. 그럴 때 커뮤니티가 필요하다. 엄마의 성장은 자신이 즐겁게 할 수 있는 것, 즐겁게 했던 것을 생각하면서 함께할 수 있는 사람들의 커뮤니티를 찾으면 가능해진다. 아이들을 양육하다 보면 엄마 자신의 성장을 잊고 살 때가 있다. 그럴 때 나 자신을 찾을 수 있는 곳이 바로 나와 함께 성장할 수 있는 커뮤니티이다. 혼자 하는 것은 고립되고 지칠 수 있다. 그러나 커뮤니티에서는 누군가 옆에서 지지해주고 서로의 경험을 공유하고 정서적으로 긍정적인 영향을 주고받을 수 있다. 어른에게도 리더가 필요할 때가 있는 법이다.

이후 관심 분야가 바뀔 뿐 커뮤니티에 계속 참여했다. 그 속에서 나의 결과물이 나오기 시작했다. 커뮤니티는 지속가능하게 하는 힘이 있다. 시작하고 중간에 포기할까 하는 생각을 할 때도 많았다. 중간에 포기하는 동료들도 많았다. 그때마다 나의 성장과 성과를 가지고 올 수 있는 곳이 커뮤니티라는 것을 더 느꼈다.

사실 커뮤니티에서 성장과 성과만 있는 것은 아니다. 사람들이 모인 집단이라 관계와 소통에서 문제가 생길 수 있다. 자신이 기대한 것과 다를 수도 있다. 온라인과 오프라인 속의 모습이 다를 수도 있다. 그래서 커뮤니티의 역할과 가치를 정확하게 보고 선택하면 좋을 것 같다.

나에게는 글쓰기 커뮤니티에서 만난 친구들이 있다. 친구들은 나에게 잠재적 성공 응원군이 되었다. 책이 출간되면 자신의 책처럼 같이 홍보를 해 주고 기뻐해 준다. 나 또한 그렇다. 온라인 커뮤니티에서 만나 서로를 알고 지낸 시간은 짧지만 글이라는 힘이 서로를 존중하고 이해해주는 사이가 되었다. 사람들은 살면서 많은 커뮤니티를 만나게 된다. 앞으로는 더욱 그럴 것이다. 그때마다 누굴 만나느냐가 참 중요한 것 같다. 내가 선택할 수 있는 곳이라면 함께할 사람을 찾아보는 것은 어떨까?

지금의 나는 커뮤니티를 만들어 가는 사람이 되었다. 나처럼 직장을 다니다가 나만의 일을 하고 싶어 하는 사람들의 모임을 만들어가고 있다. 홍보 컨설팅을 하고, 브랜딩 기사를 쓰고 있다. 공동 저서를 기획하고 출간을 위해 글을 쓰면서 함께 성장하는 사람들의 커뮤니티로 발전시키기 위해 노력하고 있다. 누구나 리더가 되는 그런 곳이다. 리더는 누구나 될 수 있다고 생각한다. 특히, 엄마라면 더욱 그렇다. 엄마는 아이를 키우면서 훌륭한 리더로서의 역할을 했기 때문이다. 아이를 키우면서 겪은 모든 경험은 큰 가치가 있다. 그 가치 중의 하나가 관계이다. 원만한 관계를 위해 가장 중요한 기술 중 하나인 공감 능력을 엄마들은 이미 아이들을 키우면서 체득하고 있기 때문이다.

사람은 지속적으로 배운다. 사람을 통해 즐기면서 배운다면 습관처럼 몸에 익숙해질 것이다. 그러기 위해서는 모임에 참석해서 내 몸이 습관화되도록 만들면 효과적일 것이다. 습관화가 되기 위해서는 익숙해질 때까지 억지로라도 꾸준히 하면 된다. 처음 커뮤니티에 들어가는 것조차 어렵게 느껴질 수 있다. 우리 아이들도 처음에 하기 싫은 걸 참고 하는 것처럼 나 자신도 한번 참고 해 보는 거다. 한 달, 두 달, 세 달…. 구성원들이 점점 익숙해지고 서로 도와주는 관계가 생긴다. 관계는 성장의 씨앗이 된다.

좋은 커뮤니티는 나의 전문성을 키울 수 있는 장소가 된다. 사람을 통해 새로운 아이디어를 얻고 협업을 통해 경력의 기회를 제공받을 수 있는 공동체이기도 하다. 오늘도 나는 더 성장해 있는 내일을 기대하며 참여할 커뮤니티를 찾고 있다.

6

〈나홀로 아웃풋〉,
교육 비즈니스 플랫폼 꿈을 꾸다

평생 살 것처럼 꿈을 꾸어라.

그리고 내일 죽을 것처럼 오늘을 살아라.

|

제임스 딘

인풋과 아웃풋 중 무엇이 중요할까?

나만의 비즈니스 꿈을 현실로 실행하기 위해 퍼스널브랜딩 강의를 듣기 시작했다. 브랜딩의 사명, 강점, 핵심 가치 등 나만의 브랜드를 위해 만들어야 하는 내용들이 많았다. 교육기관 오픈 프로젝트를 많이 해보았던 나로서는 용어는 좀 달랐지만 익숙한 요소였다. 교육상품이 아닌 '나'를 상품으로 생각해야 한다는 점은 머리를 좀 복잡하게 만들었다. 하지만 마음 한쪽에는 이 과정이 끝날 때쯤이면 나만의 브랜드가 탄생될 것이라는 기대와 설렘이 있었다.

강의가 시작되니 할 것이 너무 많았다. 완벽하게 나의 사업을 시작하고 싶었다. 브랜드 네임을 정하는 데만 1년 가까운 시간을 들여야 했다. 강의를 하나하나 들을 때마다 점점 나는 아직 충분한 상태가 아니라는 생각이 들었다. '이 정도 수준으로 다른 사람에게 나의 경험과 지식을 전달해도 될까?' 하는 의문이 계속 머리를 맴돌았다. 처음 가졌던 기대와 설렘은 온데간데없었다. 물론 다른 사람들은 나에게 이미 충분하다고 했다. 시작이 반이라고 바로 실행을 하라고 조언하기도 했다. 하지만 나 자신이 만족스럽지 않았다. 어쩌면 자신감이 떨어졌는지도 모른다. '나보다 더 전문가들이 많은데….'라는 생각이 나의 발목을 잡고 있었다.

강의를 들을수록 나를 붙드는 생각이 하나 있었다. '나는 왜 아웃풋을 못 할까?' 20년 동안 유·초등 교육 기획과 다른 사람들의 강점을 찾아 프로그램을 기획해 온 내가 아웃풋을 하지 못하는 이유는 뭘까? 10년 넘게 상담한 학부모만 수백 케이스인데…. 인풋만 열심히 하고 있으면 누가 나를 알고 찾아올까? 행동하지 않는 나는 혼자서 방구석 만족도만 하늘을 찌를 듯 높이고 있었다.

1인 기업가에게 중요한 동영상 편집 기능 강의를 들을 때였다. 인스타그램을 시작한 지 얼마 안 된 초보여서 강사의 한마디 한마디에 집중하며 따라가고 있었다. 내 옆에 나보다 연배가 좀 높아 보이고 목소리가 예쁜 분이 있었다. 그분은 수업 도중 계속 강사에게 질문을 하며 강의를 중단시켰다. 그럴 수 있다고 생각했다. 40대 중반인 나도 핸드폰의 기능을 이해하고 강사의 진행을 놓칠까 봐 긴장하며 들어야 했으니 말이다. 기어코 그 중년의 학생은 나에게 물어보기 시작했다. '이런, 나도 초보인데….' 하지만 그분보다는 내가 나을 것이라는 생각과 안타까운 마음에 수업에 방해되지 않은 선에서 친절하게 가르쳐드렸다.

수업을 마치고 다들 피드백을 하는 시간이 되었다. 내 차례가 되었을 때, "아직 뭐가 뭔지 잘 모르겠어요. 좀 더 공부를 해야겠어요."라고 했다. 놀라운 건 내 옆 중년 학생의 대답이었다. "내가 내일 동영상 편집 강의를 해야 하는데 잘할 수 있겠어요." '이제 막 강의를 들었는데 벌써 다른 사람에게 강의를 한다는 그분의 용기가 대단해 보였다. 그분을 보며 그분을 가르친 내가 아웃풋을 못 할 게 뭐 있나 싶었다. 아웃풋에 대한 생각이 바뀌기 시작했다.

사실 아웃풋은 어려운 게 아니다. 완벽하게 하겠다는 마음을 비우고 시작하면 된다. 완성도가 떨어지더라도 그 다음에 피드백을 통해 개선하면 된다. 피드백 받을 준비가 안 되었다고 시작조차 안 한다면 하나도 이루어지는 것은 없을 것이다. 지금 나에게 필요한 것은 완벽이 아닌 시작이었다.

글을 써 본 적 없던 내가 글을 쓰기 시작하며 글로 브랜딩을 하게 됐다. 여럿이 함께 공동 저서를 쓰기 시작하면서 마케팅을 위해 인터넷 기자 자격 취득 공부를 했다. 그렇게 5개월 동안 책이 출간되고 그사이 사춘기 자녀를 둔 엄마들을 위한 전자책을 출간했다. 〈한국미디어창업뉴스〉 1호 기자도 되었다. 아직도 인풋만 하고 있었다면 절대 나올 수 없는 아웃풋이었다. 아웃풋을 할수록 나의 경험과 지식의 연결고리들이 생겼다. 다른 이들의 재능을 기획했던 나의 강점들과 기자로서의 자격으로 그들의 마케팅을 연결하는 접점을 찾기 시작했다. 그렇게 나의 〈나홀로 아웃풋〉 프로젝트가 시작되었다.

아직도 나처럼 인풋만 열심히 하고 있는 많은 사람들이 있다는 생각을 했다. 인풋을 하는 이유는 많이 있다. 남들처럼 이것만 하면 부자가 될 수 있을 것 같은 생각, 무엇을 먼저 시작해야 할지 몰라서 남들이 하는 것을 다 해보자는 생각, '언젠가는 나도 1인 기업가가 되겠지.'라는 생각으로 강사가 추천하는 강의를 끊임없이 듣는 것이다. 학습에도 로드맵이 있듯 인생에도 로드맵이 필요하다. 나는 당신이 지금 인풋하고 아웃풋할 수 있는 것을 찾아보라고 말해주고 싶다. 하나라도 결과를 내고 성과를 얻는 경험을 해야 다음 스텝으로 진행할 수 있다. 3년이라는 시간 동안 느낀 결론이다.

'나홀로 아웃풋'을 경험하고 다시 사람들이 눈에 들어오기 시작했다. 육아에 지치고 빠르게 변하는 세상 속에서 버티기 위해 일을 시작하고 싶어 하는 사람이 많았다. 교육 서비스업에 오랜 세월 종사하면서 내가 제일 잘하는 일을 알고 있었지만 하고 싶지 않았다. 온라인 교육이라는 새로운 환경의 교육 서비스를 시작해보니 나같이 갈팡질팡하는 사람들에게 가이드를 해주고 싶다는 생각을 하게 됐다.

'지금 시작해볼까?'라는 생각이 들었다면 자신에게 맞는 인풋을 결정하고 지금 바로 시작해야 한다. 아웃풋 했을 때의 모습까지 미리 생각해두면서 진행한다. 이런 생각은 중간에 포기하고 싶은 상황이 왔을 때 끝까지 해낼 수 있는 동기부여가 된다.

Right Now!

뇌가 조금 더 젊을 때 시작하길 바란다. 비록 지금은 보잘것없어도 1년, 3년, 5년 뒤에는 놀라운 결실을 맺을 것이라 생각한다. 만약 어떤 결실이 없어도 내적 성장은 얻을 수 있다. 경험은 세상을 이해하는 데 큰 역할을 하기 때문이다.

나는 앞으로 교육 비즈니스 플랫폼의 꿈을 꾸며 '나홀로 아웃풋'한 사람들의 커뮤니티를 만들고자 한다. 누구나 리더가 되는 곳이다. 커뮤니티에서 서로가 서로의 리더로서 성장할 수 있도록 네트워킹 교육의 장을 마련하는 것이다. 이 꿈을 위해 여전히 〈나홀로 아웃풋〉에 도전하고 있다. 지금 선택과 집중으로 인풋을 했다면 바로 이어서 아웃풋으로 실행하는 것이 최고의 브랜딩 방법이다.

Chapter 2

장한아 이야기:

스물!
아무것도 없는 챌린지

스물, 나는 내 나이가 좋다

무엇이든 시작할 수 있고 실패해도 다시 일어설 수 있는 나이. 존재 자체만으로 반짝반짝 빛나는 보석 같은 나이, 앞으로 나아갈 날만 있는 스물이다. 소중하고 가장 영광스러운 나의 스무 살을 아무 의미 없이 흘려 보내고 싶지 않다.

다시 오지 않을 소중한 스물! 시작의 시간!

불확실한 미래가 두렵고 새롭게 닥칠 모든 상황과 일들이 걱정되지만 자신감과 용기를 장착하고 나아가보려고 한다. 이제 시작하려고 하는 모든 청년에게 말하고 싶다.

"무모해도 괜찮다. 일단 직진이다.
먼 훗날 기억될 우리의 모습을 멋지게 만들어 나가자."   ─ 스무 살, 장한아

1

스물, 이제 시작하는 시간

1퍼센트의 가능성,

그것이 나의 길이다.

|

나폴레옹

"1989년 12월 23일, 눈 올까 말까한 날씨. 크리스마스 이브 하루 전날, 우리는 대학가요제를 보러 갔다. 그리고 이날이 우리가 함께 보낸 10대의 마지막 날이었다. 해가 바뀌어 숫자도 낯선 1990년이 되었다. 그리고 우리는 스무 살이 되었다. 정환이는 공군사관학교가 있는 청주로 내려갔고 선우는 전액 장학금을 받고 의대를 갔다."

tvN 드라마 〈응답하라1988〉 마지막 편쯤에 나오는 주인공 덕선이의 내레이션이다.

내가 딱 이렇다. 갓 스물이 된 대학 1학년이다. 힘들었다기보다는 마냥 행복하고 즐겁기만 했던 중고등학교 시절을 지나 10대 시절을 마감한 지 어느덧 꽤 됐다는 것이 아직은 실감이 잘 나지 않는다.

뭘 했다고 내가 벌써 어른인 건지⋯. 시간은 왜 이리도 빠른 건지⋯. 내가 자라온 20여 년간의 시간에 내 나이만큼 나이를 먹은 엄마 아빠, 할머니 할아버지. 이 외에도 감사한 분들이 너무 많은데 그분들의 세월이 눈 깜짝할 사이에 지나가버린 것 같아서 아쉽고 슬픈 마음이 든다. 나보다 주변 사람들이 더 중요하다고 생각하는 경향이 있기 때문일까? 뭔가 죄송스러워지기까지 한다. 그때 좀 더 잘할걸 하는 생각이 드는 요즘이다.

스무 살. 친구들은 드디어 미성년자의 타이틀을 깼다며 좋아한다. 하지만 나는 걱정과 두려움이 앞선다. 스무 살이 되었지만 이전 생활과 별반 다르지 않은 하루하루를 보내다 보니 회의감이 들기도 하고, 이미 지나가버린 과거만을 동경하며 요즘 말로 쉽게 현타 오는 날들의 연속이기도 하다.

문득 얼마 살지 않았지만 살아온 시간을 돌아보게 된다.

'내가 지금까지 살아오면서 정말 열심히 무언가에 매진해본 적이 있었나?'

한 가지 떠오른다. 나는 운동이나 스포츠에 아무 관심도, 흥미도 없었다. 그런 내가 2018년 9월, 우연히 자카르타 팔렘방 아시안게임 축구 결승전을 보게 되었다. 우리나라가 일본을 2:1로 이기고 우승을 차지했는데 그 경기부터 나는 손흥민 선수에게 꽂혔다. 프리미어리거인 손흥민 선수가 영국으로 돌아간 후에도 관심은 계속되었다. 중학교 2학년이었던 나는 다음날 학교를 가야 했음에도 새벽 2시, 4시 마다하지 않고 일어나 프리미어리그 경기를 챙겨보았다.

하도 보다 보니 자연스럽게 외국 선수들의 이름도 외우게 되었고, 축구 용어들도 숙지하게 되었다. 5년 전 손흥민 선수를 향한 나의 팬심은 지금까지도 이어져, 버킷리스트의 주요 목표 중 하나가 되었다.

'영국 가서 손흥민 선수 만나기', '토트넘 경기 직관하기', '영국 런던 가보기', '싸인 받기'

또 한 가지 있다. 역시 중학교 2학년 때 의도치 않게 들어가 무엇보다 값진 경험을 했던 학교 학생회 활동이다. 나는 회장, 부회장을 맡아본 경험도 없었을뿐더러 여러 사람을 이끄는 리더십도 부족하다고 생각했기 때문에 꿈도 꾸지 않았다. 하지만 지원자가 없다며 같이 한번 해보지 않겠냐는 친구들의 말에 용기를 얻어 도전하게 되었다.

다양한 행사를 준비하고, 행사에 필요한 물품들을 구비하고, 여러 학생회 부원들과 회의하며 주도적으로 학교의 전반적인 일들을 이끄는 것은 생각보다 재밌고 보람찬 일이었다.

늦은 밤까지 남아서 여러 가지를 준비하고 계획하기도 하면서 정말 열심히 살았다. 그때는 조금 힘들다고 투덜거렸을지 몰라도 지나고 생각해보니 그렇게 뿌듯하고 값진 경험이 또 있을까 싶다.

사실 해봐야 18년밖에 안 살았지만, 학창시절에만 할 수 있는 경험들은 지금도 내 기억 속 한편에 정말 좋은 경험이자 추억으로 자리하고 있다. 그것들이 나의 방향성을 잡아주고 나를 이끌어온 건 아닐까. 그런 경험을 지표로 앞으로의 인생도 역시 잘 가꿔나갈 수 있을 것이라고 생각한다.

　비록 지금은 아무것도 없는 무방비 상태에서 출발하지만, 작은 것에서부터 시작해 점차 결과를 만들어 낼 수 있는 내가 될 것이라는 자신감을 만들어 본다. 새로운 경험과 도전은 전혀 예상하지 못한 데서 시작되기도 하는 것 같다. 뜻하지 않은 만남과 돌발적인 상황이 이제는 두렵지 않고 기다려진다. 한 걸음 앞이 불확실하고 걱정스럽기도 하지만 걱정을 설렘으로, 설렘을 도전으로, 도전을 성공으로 만들어가며 내일을 기대하는 스무 살이다!

　"처음부터 겁먹지 말자. 막상 가보면 아무것도 아닌 게 세상엔 참으로 많다."

– 김연아

2

나를 찾아가는 여행

"성공의 비밀은

목표를 세우고 자신이 그것을 이루기 위해

최선을 다하는 것입니다."

언젠가 읽은 『벤저민 프랭클린의 자서전』에 나오는 말이다.

지금까지도 기억에 선명하게 남아 있는 것을 보면 꽤 큰 감동이 있었나 보다.

성공이라는 것이 엄청난 힘을 가진 사람들의 경험담이라고만 생각해왔는데, 모든 것은 결국 내가 하기 나름이고 생각보다 가까이 있을 수도 있겠다는 생각이 들었다.

벤저민 프랭클린은 미국 건국의 아버지이기도 하지만 '프랭클린플래너'로도 아주 유명하다.

우리나라에도 프랭클린플래너를 사용하는 사람이 많을 것이다. 플래너를 만든 사람은 『성공하는 사람들의 7가지 습관』의 저자 스티븐 코비이지만 벤저민 프랭클린이 64년 동안 기록하면서 실행했던 13가지 덕목을 바탕으로 했다고 한다. 프랭클린은 늘 기록하면서 자신을 끊임없이 더 좋은 모습으로 만들어가기 위해 노력하지 않았을까.

나는 지금껏 무언가를 이루기 위해 얼마나 치열하게 살아왔는지를 되돌아보았다.

부끄럽게도 그런 기억이 별로 없다. 불과 몇 개월 전 대학 입시를 준비하는 내 인생의 가장 큰 문제 앞에서도 절실함이 별로 없었던 것 같다.

벤저민 프랭클린의 삶을 보면서 반성이 된다. 의미 없이 살았던 과거보다 앞으로 있을 수많은 기회와 도전 앞에서 당당하게 맞서는 사람이 되고 싶다. 나에게는 젊음이 있고 살아온 날보다 살아갈 많은 날들이 있기 때문이다.

요즘 유행하는 것 중 MBTI 성격 유형 테스트가 있다. 어찌 그리 나랑 딱 맞는지 신기하기까지 하다. 처음 만난 사람에게 나이를 묻는 것과 비슷한 수준으로 질문하는 MBTI는 나를 가장 간결하게 설명할 수 있는 요즘 MZ 세대의 자기소개 방법 중 하나이다.

나는 P 유형이다. 계획이나 목표를 미리 수립하고 실천하는 J 유형과 달리 무계획의 즉흥적인 유형이 바로 나다. 내가 좀 더 계획적이고 주도면밀했다면 후회하는 일들이 많지 않았을지도 모른다. P 유형의 대표적인 사람으로는 김연아도 있고 유재석도 있다.

나의 분방하고 즉흥적인 면에 목표와 계획이 들어온다면 내게 주어진 일과 기회 앞에서 적극적이고 최선을 다하는 모습으로 가치 있고 멋이 넘치는 사람이 되지 않을까 생각해 본다.

하지만 정말 재미있는 건 계획의 달인으로서 J의 끝판왕일 것 같은 벤저민 프랭클린도 P 유형이라는 것이다. 결국 P든 J든 그것이 중요한 것이 아니고 삶을 바라보는 태도가 중요한 것 같다.

내가 어떤 사람인지 잠깐 생각해본다.

여러 사람들과의 관계에 있어 어떠한 말을 들려주는 것을 즐겨하기보다 들어주는 쪽에 가깝다. 중요한 친구의 부탁이라면 나에게 올 조금의 손해 정도는 간과하면서도 배려하고, 최대한 들어주려고 노력한다.

물론 이런 게 싫다는 건 아니다. 내 자의가 조금이라도 있어서 그런 행동들을 할 수 있는 것이기 때문에 아쉬울 건 없지만, 그로 인해 정작 나에 대해서 신경 쓰지 못한 건 있다.

친구들과의 관계뿐만 아니라 다양한 사람들과의 상호작용에 있어 내가 조금 손해를 보더라도 일단 그 특정 상황을 빠져나오려고만 하고, 의사 표현을 숨기려고 하는 회피성 성향도 가끔 내비치는 것 같다. 그걸 나도 안다.

그러나 이번 기회에 깨닫게 된 것이 하나 있다면, 내가 온전해야 주변의 모든 것들도 온전해진다는 것이다. 내가 좋아하는 것을 찾고, 하고 싶은 것을 하고, 먹고 싶은 것을 먹고, 보고 싶은 것들을 보면서 내 자신이 먼저 행복해져야 다른 것들도 의미 있어지는 것이다.

그렇게 변화되고 싶다.

나만의 소박한 여행을 떠나보려 한다. 가장 친한 친구가 동행해주면 좋겠다.

많은 생각을 하고 어려운 순간에 부딪혀도 헤쳐 나가며 용기를 얻고, 그렇게 여행을 다녀오면 나 자신이 대견하게 느껴지는 순간들이 적잖게 찾아올 것 같다.

"아, 내가 이렇게도 할 수 있는 사람이구나."

못할 것만 같았던 미션들을 하나하나 완성해 나가는 성취감은 직접 느껴보지 않으면 영원히 모를 것이다.

나는 워낙 즉흥적인 편이라 계획이나 목표를 미리 수립하고 실천하여 그에 맞는 성과를 얻어본 경험을 손에 꼽는데 어떠한 일을 하면서, 그게 여행이든 공부든, 계획이 참 중요한 지표가 될 수 있겠다는 것을 느낀다.

앞으로 내가 살아가는 데 있어 여행이 얼마나 많은 지분을 차지하게 될지는 아직 모른다.

그러나 나로 하여금 한 발짝 한 발짝 앞으로 점점 나아가게 할 것은 확신한다.

3

무엇이든 할 수 있는 용기

"금은 불에 의해서 시험되고

용기는 역경에 의해 시험된다."

|

세네카

예비 3번!

꼭 가고 싶었고 열심히 준비했던 대학에 지원한 결과였다. 속이 상했다. 사람들은 기다려보면 좋은 소식이 있을지도 모른다고 했다. 희망고문이 시작되었다. 어쩌면 합격할 수도 있을 것이란 마음이 떠나지 않았다. 그러나 결국 합격하지 못했다. 끝내 예비 3번으로 남았다.

아쉬웠다. 나의 찬란한 스무 살이, 나의 첫 번째 꿈이 예비 3번으로 시작된다는 것이 너무 아쉬웠다. 그런데 벌써 스무 살의 반이 지났다. 눈 깜짝할 사이였다. 문득 이런 생각이 들었다.

"과연 나는 인생에서 가장 기억에 남는다는 스무 살을 헛되지 않게 열심히 보내고 있는가?"

"나에게는 이루어야 하는 것, 도전해야 하는 것 투성인데 현재 너무 나태하지는 않은가?"

"아쉬움 속에 너무 많이 빠져 있는 건 아닌가?"

나이를 불문하고 사람이라면 이러한 생각을 주기적으로 갖고 지내게 되는 것 같다. 이런 의문들은 한 번씩 생각을 정리하고 목표를 상기시키는 데 도움을 준다.

처음 성인이 된 들뜸에 얼렁뚱땅 정신없이 보내버린 1, 2월, 새로운 환경과 처음 보는 사람들과 또 다른 공간에서 적응하며 스스로의 힘으로 나아가야만 했던 대학교 입학 후의 4개월, 그리고 종강 후 지금의 나.

약 7개월 동안의 '나'는 이렇게 세 종류로 나뉜다.

예비 3번이라는 희망만 남겨둔 채 원하던 대학에 아쉽게 떨어지고, 계획에도 없던 대학교에 진학하게 되어 초반에는 한없이 좌절하고 우울한 날들의 연속이었다. 지금까지도 예비 3번이라는 숫자의 미련을 완전히 버렸다고 말할 순 없지만, 살면서 몇 번 있기 어려운 이토록 아쉬운 경험을 통하여 더 배우고 성장할 수 있는 길이 어딘가에 마련돼 있을 것이라고 믿어지기도 한다.

입학 후 그래도 꽤 열심히 학교생활을 한 덕에 나쁘지 않은 학점으로 1학년 1학기를 마무리하게 되었다. 마냥 비즈니스 관계라고만 생각했던 동기들과도 어느새 많이 친해져 웃고 떠들고 있는 내 모습이 새롭게 느껴진다. '하늘이 무너져도 솟아날 구멍이 있다.'라는 속담이 괜히 있는 게 아니구나 하는 생각도 들었던 것 같다.

종강 후 현재의 나는 반수를 준비하고 있다.

한 번 입시를 겪어 본 경험이 있으니 정말 보통 일이 아니란 것을 이미 알고 있고, 엄청난 노력이 있어야만 원하는 결과를 가져올 수 있다는 걸 안다. 하지만 대학 첫 방학이라는 것이 다시 나를 나태하게 만들고 있다.

예비 3번으로 떨어진 직후, 정말 마음이 아프면서도 속이 부글부글 끓어오르던 그 마음, 반수를 해서 꼭 더 큰 세상으로 나아갈 것이라는 그날 나의 굳은 마음가짐을 잊어버리면 안 되는데⋯. 현재에 안주하여 아까운 시간을 이대로 흘려보내면 안 되는데⋯.

반성을 통해 경각심을 다시 한 번 일깨워 본다.

마냥 어리기만 했던 초등학교, 얼마 안 되는 반경 안에서 비슷한 친구들과 어울리며 교복 입은 학생으로 지냈던 6년간의 중·고등학교 시절을 마치고 성인이 된 지 1년도 안 되었지만 전에는 해보지 못했던 다양하고 새로운 경험을 많이 해볼 수 있었다.

비교적 짧은 반년이라는 시간도 이렇게 벅찼는데 앞으로는 얼마나 더 크고 새로운 세상이 내 눈 앞에 펼쳐질지 걱정 반 기대 반의 마음이다.

불과 몇 개월 후에 내가 어떻게 변해 있을지, 무엇을 하고 있을지 모르지만 요즘 소위 말하는 '갓생'을 살다 보면 어떠한 방식으로든 한 뼘 성장해 있는 나를 볼 수 있을 것이다.

갓생이라고 하니 생각나는 것이 있다. 나는 모든 종류의 매운 떡볶이와 마라탕을 정말 좋아한다. 나에게 이 두 음식만 있다면 소고기, 캐비어, 오마카세 등 어떤 값비싼 음식도 전혀 부럽지 않다. 단점은 두 음식 모두 적당히 먹지 않으면 살이 어마무시하게 찐다는 것인데, 아니나 다를까 자제하지 않고 일주일에 서너 번 꼴로 먹다 보니 살이 많이 쪄서 이번 기회에 다이어트에 도전해 현재까지 10kg 감량 중에 있다.

맨날 살 뺄 거란 말만 하다가, 마음을 굳게 먹기까진 정말 오랜 시간이 걸렸고 매일 운동을 해야 한다는 것이 정말 번거롭고, 귀찮기도 하지만 어느 정도의 성과를 얻어낸 지금은 뿌듯하고, 나 자신이 대견스럽기도 하다. 자신감도 추가되었다.

이렇듯 처음엔 어렵고 막막하게만 느껴지는 모든 것에 자그마한 노력이 조금씩 쌓여 좋은 결과를 가져올 수만 있다면 뭔들 열심히 하지 않을 이유가 있을까? 뭐든지 처음이 어려울 뿐이라는 교훈도 얻었다.

'나무를 보지 말고 숲을 보라'는 말이 있다. 해보니 숲이 무엇인지 조금 알 것 같다. 성공해보니 어디로 가야 하는지 알 것 같다. 성공의 경험은 그래서 중요한 것 같다. 이렇게 조금씩 다듬어지고 만들어지는 나를 발견한다. 지금은 세상이 두렵지만 점점 세상이 나의 무대가 될 꿈을 꾼다.

아직 정해진 것은 없다. 그러나 정해진 답은 없기에 모든 것이 가능하다는 생각도 동시에 한다. 오늘도 잘 해낼 나를 믿고 앞으로 나갈 뿐이다. 설레는 가슴을 안고 한 발 한 발 앞으로!

4

무모해도 괜찮아, 일단 직진

우리는 두려움의 홍수에 버티기 위해서

끊임없이 용기의 둑을 쌓아야 한다.

|

마틴 루터 킹

"엄마, 내가 동생 데리고 놀이터에서 놀고 올게."

7살 때, 많은 갈등과 고민 끝에 엄마에게 했던 말이다.

나는 3남매 중 첫째로, 남동생이 둘 있다. 우리는 어렸을 때부터 겁이 많아 엄마가 잠시 밖에 쓰레기만 버리러 가도 울고불고 난리를 치곤 했다. 10살이 되기 전까지는 부모님 없이 집에 있을 수도 없었고, 무작정 울기만 했던 기억이 어렴풋이 난다. 그런 내가 막냇동생이 태어난 이후 잠도 못 자고 너무 힘들어하는 엄마가 안쓰러웠는지 시키지도 않았는데 먼저 4살인 둘째를 데리고 놀이터에서 놀고 오겠다고 했던 것이다. 나랑 둘째가 잠깐이라도 없으면 엄마가 막내랑 편하게 낮잠이라도 주무실 수 있을 것 같다는 생각을 했던 것 같다.

혼자 있기를 극도로 무서워하고 언제든 부모님이 계셔야 했던 7살의 내가 그런 말을 하기까지는 큰 결심이 필요했다. 10년도 더 지난 일이라 남아 있는 기억이 뚜렷하지 않지만, 그때 그냥 엄마가 불쌍하게 느껴졌다.

엄마가 그 일로 어린 나에게 감동을 받았다는 얘기를 해주신 적이 있다. 엄마바라기 내가 엄마를 위해 엄마를 마다했던 그날, 그날이 내가 내 인생에서 첫 번째 용기를 냈던 날이다.

2023년 초 어느 겨울날, 나는 태어나서 처음 해보는 일을 앞두고 또 한 번 용기를 냈다. 첫 아르바이트였다. 카페, 편의점 등에서라면 어느 정도 해볼 만하겠다고 생각해왔다. 친구들도 곧잘 해내는 모습을 봐와서 나름 이상적인 아르바이트라고 생각하고 있었다. 그러나 자리가 없었다. 대신 집에서 5분 거리에 있는 곳에 아르바이트 자리가 났다.

'그래, 집에서 가까운 게 어디야. 여기서 해보자.'

결심을 하고 일하기로 했다. 바로 프랜차이즈 떡볶이 집이었다.

크지는 않지만 태어나서 처음 내 손으로 돈을 번다고 생각하니 걱정이 되기도 하고, 그만큼 설레기도 하였다. 사람들이 까다로우면 어떡하나 했던 우려와 달리 사장님과 함께 일하는 언니 오빠들도 모두 좋은 분들이었다. 일주일 만에, 심하면 하루 일하고 힘들다고 그만두는 주변의 친구들에 비하면 나의 첫 알바는 성공적이다. 사장님께서 여름이 되면 떡볶이 집은 비수기라 할 일도 없고 이런 꿀알바가 없다시며 오래오래 같이 일하자고 하셨다.

일도 익숙해지고 긴장이 풀려서였을까? 어느 날 일하면서 밥솥의 수증기에 큰 화상을 입고 말았다. 그 순간에는 아픔을 느끼지도 못하고 정신없이 일을 마무리하고 집으로 돌아왔다.

화상은 초기에 화기를 빼내는 것이 중요하다고 한다. 데자마자 연고라도 바르고 조치를 했어야 했는데, 놀란 데다 내가 실수했다는 생각 때문에 상황을 정리하고 마무리하는 것에만 신경을 쓰다 보니 그렇게 하지 못했다. 점점 통증이 심해지고 팔을 움직이지 못할 만큼 아파오기 시작했다. 화상을 입은 경험은 처음이라 대처 방법을 알 리도 만무했다.

부모님은 바로 연고라도 발랐다면 훨씬 나았을 거라며 왜 아무 말도 못 했느냐고 하시지만 나같이 소심한 사람이라면 공감할 것이다.

'큰일이 난 것도 아니고, 이걸 굳이 말해야 할까?'

하지만 결국 큰일이 되어버렸다. 시간이 지날수록 심해지는 상처 부위가 그냥 넘어갈 일이 아니었다.

다음날 일찍 병원에 갔고 내 인생에서 그런 아픔이 또 있을까 싶을 정도로 아찔한 경험을 하게 되었다. 화상 부위에 얇게 퍼진 막들을 핀셋으로 제거하는 데 상상을 초월하는 아픔이었다. 일주일 정도 치료를 한 뒤 지금은 흉터가 생기지 않게 하는 약을 바르며 지내고 있다.

최근 어렸을 때 배우던 피아노를 다시 치기 시작했다. 피아노를 치면 잡생각이 없어지고 집중하게 된다. 어릴 땐 피아노를 꼭 다녀야만 하는 학원 중 하나라고만 생각했다. 국어, 영어, 수학 학원처럼 뭔가 숙제같이 느껴지고 가기 싫은 날들의 연속이었는데 지금은 다르다. 피아노 치는 시간이 힐링이고, 행복이다. 매번 똑같이 반복되는 일상 속에 조금이라도 기분 전환을 할 수 있는 나만의 취미생활을 다시 찾을 수 있음에 감사하다.

얼마 전에는 양평에 계시는 할머니, 할아버지를 뵈러 다녀왔는데 문득 이런 생각이 들었다.

'할머니, 할아버지에게 추억을 많이 만들어 드리고 싶다.'
'먼 훗날 할머니, 할아버지가 내 곁에 안 계실 때 내가 추억할 수 있게 이것저것 모아서 영상을 제작해 보면 어떨까.'

사진 찍고 영상 편집하는 걸 즐기는 나이기에 지금부터 하나하나 자료들 모아서 몇 년 후 할머니, 할아버지께 선물해 드리고 싶다. 얕고 작은 나의 지식으로는 부족하니 이것저것 배워보면서 전문적으로 성장해보고 싶다는 생각도 한다.

무언가에 도전하고 또 실패하는 것을 반복할 수 있는 때는 바로 지금! 그것들이 쌓이고 포개지면서 멋진 내가 되어갈 것만 같다. 무엇인가 해

보고 싶은 것이 많은 요즘, 무조건 시작하려 한다. 잘못되는 것도 큰 재산이 되는 것 아닐까. 시간이 가장 큰 교훈이고 해답이라는 생각이 든다. 그렇게 중요한 시간에 아무것도 안 한다면 얻을 교훈도 찾을 답도 없을 것이다. 두려움이 없을 수야 없고 핀셋으로 데인 부위를 뜯어내는 아픔이 있을 수도 있겠지만 해본다면 그만큼 더 단단해지고 그만큼 더 성숙해지는 기회를 얻을 것이다.

오른팔, 내 스무 살 영광의 상처!
이 상처가 희미해지고 없어질 때쯤엔 난 어떤 모습을 하고 있을까?
무모해도 괜찮다. 일단 해보자. 앞으로 쭉 직진이다.

5

두려움이 더 이상 두렵지 않다면
자신감이 된 거야

"때로는 두려움을 이겨내야

그 건너편의 아름다움을 볼 수 있단다."

|

영화 <굿 다이노>

우리나라는 만 18세가 지나면 운전면허를 딸 수 있는 자격을 준다. 운전의 '운' 자도 모르던 나는 좀 이른 감이 있다고 생각했지만 시간 많을 때 따놓으면 좋지 않겠냐는 부모님의 말씀에 운전면허에 도전하게 됐다.

운전면허는 누구나 딸 수 있다고 생각해서였을까? 처음에는 그리 어렵지 않을 것이라 생각했는데 갈수록 보이지 않는 벽이 느껴지기 시작했다.

필기시험은 무난하게 합격했지만, 장내 시험의 주차코스가 날 힘들게 했다. 그냥 공식대로 하면 되는데 모든 게 처음이다 보니 어렵게 느껴졌던 것 같다. 도로 주행도 마찬가지로 겁을 너무 많이 내서 자꾸 실수를 하게 되고, 정말 하나부터 열까지 내 마음대로 되는 것이 없었다.

떨어질 때마다 자신감이 바닥으로 곤두박질쳤다. 학원에서 만난 친구 한 명은 다섯 번째 도전에서 결국 모든 것을 포기하고 남은 금액을 환불받은 채 도전을 종료했다. 남의 일 같지 않았다. 나도 그래야만 할 것 같았다.

자꾸만 실패하는 나를 보며 그만하고 싶다는 생각을 수없이 했다. 동생들은 나를 비웃었고 그것은 내 가슴에 비수로 꽂혀 괴롭기까지 했다. 그럴 때마다 괜찮다고 10번이라도 계속 도전하면 된다는 엄마의 말에 힘입어 결국 모든 난관을 헤치고 운전면허 취득에 성공하게 되었다. 장내 코스는 2번 만에, 도로 주행은 3번 만에 합격했다.

남들 다 해내는 이깟 일이 뭐 대단하냐고 하겠지만 나에게는 새로운 형태의 경험이었고 적어도 나에게 있어선 결코 쉬운 도전이 아니었다.

사실 아직도 운전대 잡기가 무섭다. 일단은 그냥 100만 원짜리 신분증이 하나 더 생긴 셈이 되었지만 그래도 뿌듯하다. 엄마도 큰소리만 치지 처음 운전 시작은 어려웠다고 한다. 대학 입학하자마자 면허증을 땄는데 괜스레 집 앞 나무에 혼자 차를 박고 그 이후로 운전을 못 했다고 한다. 그렇지만 우리 셋을 낳고 우리를 위해 운전이 필요했고 결국 지금은 완전 베스트 드라이버가 되었으니 뭔가 절실함이 있으면 못 할 것이 없다는 걸 깨닫게 되었다.

나 역시 베스트 드라이버가 되는 그날을 위해 또다시 큰 산을 넘어야 하지만 왠지 그날을 생각하면 가슴이 뛴다. 버킷리스트 중 하나인 친구들 태우고 여행하기가 이루어지는 날이 꼭 올 것만 같다.

노력에 비해 쉽게 얻어지는 결과들이 있는 반면에, 죽을 듯이 노력해도 잘 안 되는 것들이 존재하기 마련이다. 하지만 그 과정이 험난할수록 나중에 나에게 돌아오는 성취감은 이루 말할 수 없이 큰 것 같다.

나는 아직 제대로 된 사회생활도 해보지 못했을뿐더러 지금까지의 인생에 정말 크게 기억될 만한 경험을 해보지 못했다. 만으로 이제 겨우 18년밖에 살지 않았고, 앞으로의 삶에 있어 터닝포인트를 만들어 내는 것이 현재 나의 목표라고 여겨진다. 그러기 위해서는 수많은 도전이 필요하고, 작은 용기 하나도 허투루 내는 일이 없어야 한다.

그동안 부모님과 선생님 등의 울타리 안에서 안전하게 보호받고, 가르침 받고 사랑받고 잘 자라온 만큼 이제는 나의 잠재력을 펼칠 때이다.

요즘 나는 〈뿅뿅 지구오락실〉이라는 TV 프로그램을 즐겨본다. 개인적으로 우리나라 1등 PD라고 생각하는 나영석 PD의 작품이다. 비교적 어린 나이의 내 또래 연예인들이 진행하는 예능이라 그런지, 공감대가 잘 형성되기도 하고 무엇보다 재밌어서 더 빠져들게 된다.

그러던 중 나영석 PD의 명언까지 찾아보게 되었는데, 내 마음속에 크게 와닿는 것이 있었다.

"창의적이기 위해 가장 필요한 것은 생각만 하는 것이 아니라 실행에 옮기는 것이다.”

“예전에는 대단한 사람이 대단해 보였는데, 요즘은 오랫동안 꾸준한 사람이 너무 대단하다.”

이 말들을 접하고 나서, ‘도전’이라는 것은 나이를 불문하고 그 자체로 존경스러운 일이라는 것을 깨닫게 되었다. 또한 ‘꾸준함’의 중요성에 대해서도 다시 생각해 볼 수 있었다. 당장 나의 상황에만 대입해 보아도, 면허 시험 떨어진 것에 좌절감을 느끼고 도전을 멈췄다면 면허증을 받아 낼 수 있었을까? 하는 의문점이 생긴다.

뭔가를 지속적으로 하다 보면 꼭 한 번쯤은 질리기 마련인데, 꾸준함을 기반으로 계속 해나가다 보면 안 될 게 없을 것 같다.

몇 년 전 세바시에서 ‘두려움을 용기로 바꾸는 마음의 연금술’이라는 제목으로 강연을 하신 정신과 의사 문요한 선생님이 있다. 그는 강연에서 두려움에 대해 설명하면서 ‘아름다운 두려움’이라는 용어를 사용했다.

학교를 졸업하고 사회에 진출했을 때, 내가 하고 싶은 일을 위해 도전할 때, 불의에 맞서 정의의 편에 섰을 때 느끼는 두려움이 아름다운 두려움이라고 했다. 이런 상황에서는 두려움에 기대감, 설렘, 경외감 등이 더해져 가슴이 마구 뛰고 우리가 살아 있다는 것을 느끼게 된다고 한다.

"삶의 아름다움은 가슴 떨림이 없다면 존재하지 않는다."

"삶의 아름다움은 두려움 속에서 만들어진다."

문요한 선생님은 이렇게 말하면서 두려움을 아름다운 두려움으로 바꿔야 하는데 아름다운 두려움의 또 다른 이름이 '용기'라고 하신다.

마크 트웨인은 "용기는 두려움을 느끼지 않는 것이 아니라 두려움에 대한 저항이며 극복이다."라고 했다. 아름다운 두려움을 갖기 위해서는 한 걸음 나가려는 용기가 필요한 것이다. 용기를 내는 순간 저 너머의 아름다움을 볼 수 있게 되는 것이다.

이제 시작하는 시간을 살고 있는 나는 숱하게 만날 두려움을 아름다운 두려움으로 바꿔보고 싶다. 그래서 두려움에서 용기로, 용기에서 노력으로, 노력에서 성공으로, 성공에서 자신감으로 한 계단, 한 계단 멋지게 성장하고 싶다.

Chapter 3

신수옥 이야기:

시작했으면
한 번은 인생을 걸어라

나의 어릴 적 꿈은 청바지를 입고 예쁜 머리끈을 묶은 어린 아이가 TV에 나오는 것부터 시작한다. 이런 소소한 꿈들은 다른 꿈으로 연결되었고 또 다른 도전의 기회가 되었다.

이 모든 도전이 성공이 되어 기쁨으로 돌아온 건 아니다. 단지 나를 더욱 단단하게 성장시켰다. 처음부터 잘할 수는 없다. 실수해도 좋다. 실패해도 좋다. 위기의 순간마다 오기로 일어서고 끈기로 버티면 생존의 순간이 기다리고 있다.

지금부터 20년 후,
얼마나 많은 돈을 벌었을지,
얼마나 세상에 나를 알렸는지 중요하지 않다.
얼마나 내 자신이 성장했을까를 생각해볼 때 나는 가장 설렌다.

좀 늦게 가더라도 나의 목적지에 안전하게 도착해 있을 그날을 위해 앞으로도 묵묵히 내일을 향해 걸어가겠다.

1

반짝반짝 빛나던
나의 꿈을 기억하라

"계단 전체를 보아야만 하는 것은 아니다.

그냥 첫발을 내디뎌라."

|

마틴 루터 킹

5학년 때였다.

나는 언니들이 보는 잡지에서 아역 탤런트 모집 광고를 보게 되었다. 갑자기 지원하고 싶었다. 당장 사진이 필요했다. 엄마 몰래 사진관에 가서 증명사진을 찍어 지원서에 붙였다. 그것을 들고 혼자 버스를 타고 고속버스 터미널 근처에 있던 연기학원에 갔다. 유명한 배우가 원장이었다. 접수 받는 분들이 초등학생이 혼자 온 것을 보고는 어떻게 혼자 왔느냐며 대견해했다.

서류 심사에서 합격이었다. 다음은 카메라 테스트였다. 이번에는 엄마에게 말해서 함께 갔다. 그 자리에서 바로 대본을 주고 외워 카메라 앞에서 연기를 하는 것이었다. 연습할 때는 잘 외워졌는데 많은 사람 앞에 서니 기억이 하나도 나지 않았다. 다행히 떨지는 않아서 떠오르는 대로 대사를 만들어서 연기를 했다. 지금은 고인이 되신 ○○○ 배우께서 웃으시면서 "당황했을 텐데 대사를 잘 지어내는구나." 하셨다. 이어서 다른 것 잘하는 것 있으면 해보라고 했다. 나는 노래나 춤이라고 대답하면 그 자리에서 시킬 것 같아서 "달리기요."라고 해버렸다. 그 대답에 그분은 또 웃으셨다.

떨어졌나 보다 생각했는데 의외로 합격이었다. 그런데 일정 비용을 내고 연기 수업을 받아야 한다는 말에 엄마는 하지 말자고 하셨다. 나도 돈이 들어가니 당연히 그래야겠구나 하고 받아들였다. 지금이야 엔터테인

먼트 회사들이 너무 잘 되어 있지만 그 시절에는 그렇지 못했다. 비용에 대한 부담이 엄마의 결정에 큰 영향을 주었을 것이다. 어린 나로서 해결할 수 있는 범주가 아니라 포기하는 수밖에 없었다. 하지만 그때는 내가 혼자 생각해도 뿌듯했고 성취감도 느꼈던 사건이었다.

나는 어린 시절 하고 싶다기보다 되고 싶은 것이 참 많았다. TV에서 흔히 볼 수 있는 배우, 미스코리아, 패션디자이너, 라디오 DJ, 가수, 미술 선생님, 피아니스트 등 끝도 없었다. 나와 나이가 비슷한 사람이라면 한 번씩 꿈꿔봤던 대상일 것이다.

한 번은 라디오 DJ가 되고 싶었다. 카세트 라디오 두 대를 가지고 한 대는 배경음악과 준비한 노래를 틀어 놓고 내가 이야기를 하면 다른 한 대에 녹음이 되도록 하기도 했다. 나름 머리를 써서 DJ가 되기 위한 연습을 한 것이다. 아무도 모르게 미리 대본을 써보기도 했다.

가수가 되고 싶었던 때도 있었다. 동네 친구들과 당시 유행했던 이선희의 노래를 연습도 하고 모창도 해보고 했던 기억이 있다. 지금 생각해보면 그때여서 할 수 있었지 지금이라면 절대 하지 않을 엉뚱하고 당돌한 도전이었다.

나는 언니 셋, 남동생 하나 있는 5남매 중 넷째다. 딸로서는 막내다. 남동생은 아니라고 하지만 그 시절에는 아들 특혜가 분명히 존재했다. 아들, 딸 차별을 실감나게 보여주었던 〈아들과 딸〉이라는 드라마처럼 심한 차별과 우대는 아니었지만 분명한 차별이 있었다. 아마 딸들에게만 보이는 것일지도 모른다.

나는 돈이나 순서를 생각하지 않을 수 없었다. 누구도 강요하진 않았지만 나 스스로 그래야 한다고 생각했다. 순서를 생각하니 옷에 관한 이야기가 생각난다.

형제, 자매가 많은 집에서는 옷을 꼭 물려받아 입었다. 그 옷 때문에 나는 심각하게 고민이 되었다. 딸 중 막내인 나에게 올 때는 이미 색이 바래서 원래의 색이 아니거나 천이 얇아져 있는 등 처음 그대로가 아니었다. 큰언니와 열한 살 차이가 나는 데다 네 번째로 물려받아야 하니 내가 입게 될 때쯤에는 유행이 끝났다가 다시 한 번 돌아올 정도였다. '날 주워 온 게 틀림없구나.' 하는 생각도 했다. 하루는 나의 진짜 부모님을 찾겠다고 편지를 써놓고 4시간 정도 찾아 나선 적도 있었다. 지금 생각하면 너무 엉뚱해서 웃음이 난다. 이때 난 물려받는 옷이 싫어서 옷을 직접 만들어 입을 수 있는 사람, 패션디자이너를 연습하기도 했다. 그 시절 나의 마루인형 미미와 제니의 옷을 직접 만들어 입혀보면서 옷을 물려받지 않는 그날을 꿈꾸었다. 그렇게 꼼지락꼼지락 무언가를 자꾸 만들었다. 누구의 도움을 받거나 물어볼 곳도 없던 그때, 나는 혼자서 이렇게 소소한 도전을 계속 하고 있었던 것은 아닐까.

고등학교 때였다. 그때는 모든 친구들이 대학이라는 똑같은 목표를 향해 도전하고 있었다. 야간 자율학습 시간에 난 친구들에게 줄 크리스마스카드를 몰래 만들고 있었다. 그러다 선생님에게 딱 걸렸다. 난 죽었구나! 하는 순간에 선생님께서 오히려 카드를 보시고는 "넌 나중에 뭘 만드는 일을 하면 굶지는 않겠다! 하시며 한 번 봐준다."라고 하셨다.

내가 뭘 만드는 걸 좋아 하는구나 그리고 인정을 받는구나, 하는 생각을 처음 해봤다. 그쯤 자연스럽게 도자기에 관한 방송을 보고 내가 잘할 수 있을 것 같았다. 큰 의미를 두고 결정한 것은 아니지만 결국 도예를 전공으로 선택하게 되었다. 이때부터 자꾸자꾸 무언가 계기가 되어 소소한 도전이 이어지는 느낌이었다.

도예과를 졸업하고 아르바이트로 어린이집에 2~3시간 도예수업을 나가게 되었다. 워낙 아이들을 좋아하기도 했고 나이 차이가 나는 언니들이 벌써 결혼을 해서 조카들이 딱 그 나이였다. 조카들과 같이 있는 시간이 많았기 때문에 아이들 수업을 어렵지 않게 할 수 있었다. 그런데 원장 선생님께서 5세 반 담임 선생님이 갑자기 그만두셨다며 일주일 동안 그

반을 맡기셨다. 30분씩만 도예수업을 했을 때 만났던 아이들과는 사뭇 분위기가 달랐다.

내가 아침 9시부터 5시까지 5세 아이들과 같이 생활하는 것은 절대 쉬운 일이 아니었다. 점심시간에 나는 자리에 앉아 밥을 먹은 적이 없었고 입으로 들어가는지 코로 들어가는지도 모르고 내 바지 무릎쯤에는 매일 밥풀이 뭉개져 붙어 있었다. 일주일만 약속하셨던 원장님은 한 달을 더 말씀하셨고 난 너무 힘들어서 안 되겠다고 말씀드렸더니 도예수업도 그만두라고 하셨다.

나는 갑자기 다른 도전을 생각해야 했다. 학교 졸업 후 경제적으로 부모님께 도움 받지 않겠다고 다짐했기 때문이다. 내가 지금 잘할 수 있는 일을 하면서 조금 더 수입이 있으면 좋겠다고 생각했다. 그래서 액세서리를 만들어 팔기로 했다. 여고 앞에서 핸드메이드로 머리핀. 머리끈, 반지 등 아이들이 좋아할 만한 예쁘고 깜찍하며 단 하나밖에 없는 콘셉트로 액세서리 사업을 시작했다. 처음에는 집에서 만들어서 노점을 하다가 조그마한 가게를 얻게 되었다. 제법 장사가 잘되었다. 주문도 들어오고 단골도 많았다. 그런데 다섯 살 정도 돼 보이는 아이들이 엄마랑 가게에 같이 오면 어린이집 아이들이 계속 생각났다. '정우는 지금 밥 먹으면서 분명 국물을 흘렸을 거야.', '선우는 지금쯤 엄마 보고 싶다고 울었을 거야.' 어린이집 일이 너무 힘들었지만 그 기억은 어느새 또 다른 추억이 되어 있었다. 수업도 하고 놀이도 하며 아이들과 함께 지내면서 무언가 많은 것들을 그곳에 두고 온 느낌이 들었다.

　짧지만 그 소소한 추억과 도전은 내 마음속에 무언가 할 때가 되었다고 잘 생각해보라고 계속 문을 두드리고 있었던 것 같았다. 난 아이들과 수업할 때가 가장 즐거웠구나! 아이들과의 수업이 내 마음을 흔드는 걸 보면 말이다. 그래서 아이들을 만나고 싶어 과감하게 미술학원을 해보기로 하고 바로 준비했다. 핸드메이드 가게 도전은 미술학원을 할 수 있도록 경제적으로 밑거름이 되어준 고마운 도전이었다. 이때부터 나는 내가 잘할 수 있고 그간의 소소한 도전들이 모여 빛을 낼 수 있는 학원에 올인하기로 마음먹었다.

　안젤리카 몬트로즈의 말처럼 도전은 나를 시험하고 한 단계 더 올라갈 수 있는 기회를 주었다. 나의 소소한 꿈들은 또 다른 도전으로 이어졌고 다음 꿈을 위해 방향을 제시하는 등대와 같은 역할을 했다. 그리고 반짝반짝 빛나던 나의 꿈들은 서로가 서로에게 다음의 길을 알려주고 미리 준비하라며 응원을 보내고 있었던 것 같다.

2

집중할 목표를 찾아라

길을 잃는 다는 것은 곧

길을 알게 된다는 것이다.

|

동아프리카속담

25년 전 미술, 피아노, 보습 학원들 중에는 오전에 유치원 수업을 함께 하는 경우가 많이 있었다. 내가 다니던 곳도 그랬다. 오전에는 지금의 유치원과 같은 수업을 했다. 아침에 아이들을 픽업해서 유치원 수업을 한 후 점심 먹고 2시~3시쯤 하원 시켰다. 오후에는 초등부 친구들 미술, 보습, 피아노 등 수업이 있었다. 나는 오전에는 유치부, 오후에는 초등 미술을 맡아 수업했다. 3시부터 멀티플레이어가 되어야 했다. 7시 30분에 출근해서 오후 2시까지 7세 친구들과 함께한 후 3시부터 초등 미술을 1시간 진행한다. 모든 수업이 끝난 후 교사실로 돌아오면 보습반 친구들 문제집이 책상 위에 쌓여 있다. 유치부 선생님들은 초등부 선생님들이 수업 후 산더미처럼 쌓아 놓은 문제집 채점을 해야 했다.

채점이 끝나면 오전에 수업한 유치부 어머님들께 상담 전화를 드리고 상담 기록지를 작성한 후 청소를 하고 퇴근을 했다. 거기에 격주로 한 번씩 돌아오는 차량 지도까지 하게 되면 오전에 출근하자마자 차량 지도까지 해야 했다. 차량 지도가 있는 일주일은 더 여유 없이 보내게 된다.

일을 시작한 지 일주일쯤 지나 처음 차량 지도를 시작했던 날, 비가 엄청 많이 왔다. 빗줄기가 너무 굵고 세서 우산을 써도 소용이 없었다. 자동문이 없었을 때라서 문을 열고 우산을 펴고 아이를 또 태워야 하니 그때마다 얼굴에 비가 후려치고 옷이 다 젖었다. 아이들은 비가 와서 그런지 아니면 내가 낯설어서인지 평소에는 차를 타면 시끄럽던 아이들이 조용히 아무 말 없이 앉아 있었다. 학원에 도착해서 그 이유를 알았다. 내 얼굴을 본 선생님들마다 배를 잡고 웃으셨다. 눈 화장이 번져 정말 우습기도 하고 무섭기도 한 슬픈 판다 얼굴이 되어 있었던 것이다. 어머님들도 얘기해 주기 어려운 상황이었을 것이다. 비는 오고 아이는 빨리 태워야 하고 출발도 해야 되니 타이밍을 놓치셨을 수도 있다. 아니면 어차피 학원 도착하면 아시겠지 하셨을 수도 있다. 아이들은 담임 선생님께 새로 오신 선생님이 무서운 귀신인 줄 알았다고 얘기했다고 한다. 웃기기도 하고 어이없는 기억이다.

차량 지도를 하다 보면 아이가 차량 쪽으로 올 수 없는 경우가 있어 뛰어가서 데리고 오는데 구두 굽이 부러져서 절뚝거리며 한 적도 있었다. 이런 일들로 선생님들과 친해진 계기가 되었고 경험이 많으신 선생님들께 많이 배울 수 있었다.

그 외에도 행사들이 많아서 나를 포함한 선생님들은 그 안에서 최고의 멀티플레이어가 되어야 했고 재미있는 일들이 많았다.

지금 생각하니 진짜 20대이니 가능했던 것 같다. 그리고 맞는지 틀리는지 알 수 없지만 목표가 있었기 때문에 직진할 수 있지 않았을까 생각한다.

나는 마음이 따뜻한 아이들이 좋다. 아이들이라면 모두 따뜻하다. 그래서 아이들과의 수업을 좋아하고 계속해서 하고 싶었나 보다. 아이들과 수업하는 순간만큼은 아이들 편이 되어야겠다는 마음이 생긴 계기가 있다.

7살 우리 반 아이 중에 항상 수줍어하고 귓속말을 하는 것처럼 작은 소리로 얘기하는 아이가 있었다. 그맘때의 아이들은 항상 선생님의 관심을 받으려 하고 선생님 옆에서 서로 이야기하려고 하는데 그 친구는 그러지 않았다. 다른 친구들을 그냥 물끄러미 쳐다보고 웃지도 화내지도 않고 겨우 필요한 말만 몇 마디 하는 정도였다. 가을소풍을 학부모님과 같이 갔는데 다른 친구들은 엄마와 함께 왔지만 그 친구만 할머님이 오셨다. 레크리에이션을 신나게 하고 마지막에 어머님들께서 나오셔서 아이 이름을 부르고 '사랑해'를 외치는 순서가 있었다. 할머님께서 눈물을 흘리시며 누가 볼세라 얼른 옷소매로 닦으시는 모습을 보았다.

그 후로 상담 전화를 더 자주 드렸는데 할머님께서 손주에 대한 이야기를 조금씩 꺼내 놓으셨다. 할머니의 사정을 알게 된 후 나는 고민이 생겼다. 다른 아이들처럼 활기차고 밝게 지내면 좋을 텐데 그 아이에게 어떻게 하는 것이 최선일까?

일단 생각을 하면 선택을 해서 실행을 해야 직성이 풀리는 내 성격에서 실행하기에 앞서 큰 고민이 되었다. 원장 선생님께 말씀도 드려봤지만 내가 만족할 만한 답을 주시지 않았다. 할머님의 걱정은 엄마의 빈자리였다. 그래서 난 7살 때쯤 엄마가 어떻게 해주셨는지 또 어떨 때 가장 기억에 남았는지 생각해 보았다. 3대가 모여 살던 우리 집은 항상 북적거렸다. 하지만 무슨 일이 생기면 바로 나에게 달려와 내 편이 되어 주는 분은 당연히 엄마였다. 그래서 난 다음 날부터 내가 그 아이의 편임을 보여주고 싶었다. 아이가 작게 이야기해서 안 들리면 내가 가까이 가서 선생님이 가까이 왔으니 잘 들을 수 있다고 다시 얘기해주면 좋겠다고 했다. 같이 있을 땐 될 수 있으면 그 친구의 편이 되어주었다. 그러다 보니 조금씩 변화가 생겼다. 그 친구 목소리를 들으려고 내가 다가갔는데 그 친구가 조금씩 나에게 다가와서 먼저 이야길 했고 조금씩 밝아지고 씩씩해지는 모습을 보였다. 친구들도 그 친구의 편이 되기 시작했다. 할머님께서 달라진 모습을 보고 너무 좋아하셨고 금반지를 선물로 보내주셨다. 정말 감사했지만 정중하게 거절했다. 할머님의 금반지 선물은 나에 대한 신뢰와 감사가 담긴 마음의 표현이기에 난 너무 뿌듯했고 감사했다.

난 많이 노력하지 않았는데, 단지 아이의 편이 되어준 것뿐인데 이번에는 아이가 내 편이 되어주는 걸 느껴보니 바쁜 일정들이 전혀 힘들지 않았다.

　난 왜 이 직업을 선택했을까? 왜 하필 학원을 목표로 정했을까? 생각
해보면 아주 훌륭하고 그럴싸한 사명감도 없다.

　헬렌켈러는 "이 세상에서 가장 좋고 아름다운 것들은 보이지도, 들리
지도 않지만 마음으로 느껴져야 한다"고 말했다. 나의 수업방식을 기대
하고 좋아해 주는 마음이 따뜻한 아이들이 있고 나의 편이 되어주는 아
이들이 있다. 보이지는 않지만 아이들의 그런 마음이 날 움직였고 아이
들 덕분에 나 역시 성장하고 자존감이 채워지고 있다면 학원을 선택하게
한 충분한 이유가 되지 않을까.

　게다가 좋아하는 것이 잘할 수 있는 것이다. 나는 아이들과 수업하는
것을 좋아하고 그것이 가장 잘하는 일이라는 것을 경험을 통해 확신할
수 있었다.
　내가 집중해야 할 목표! 그게 학원이라서 좋다. 아이들이라서 좋다.

3

시작했으면 한 번은 인생을 걸어라

"당신이 지금 달린다면 패배할 가능성이 있지만

달리지 않는다면 당신은 이미 진 것이다."

|

버락 오바마

'기존 학원을 인수해서 안정되게 시작할까?'

'새로운 곳에서 새롭게 시작하는 게 주목을 더 끌 수 있지 않을까?'

미술학원 개원을 준비하면서 나는 고민이 많았다. 처음 시작하는 내가 경험도 쌓으면서 운영하는 재미도 느껴보려면 아무래도 기존 학원을 인수하는 게 유리하겠다는 판단이 들었다. 결국 안정적인 시작 쪽으로 마음이 기울었다. '20대 미술학원 원장'이라는 꿈은 그때부터 본격적으로 시작되었다.

지금 생각해 보면 빠른 시간 안에 자리 잡고 성공하겠다는 의욕이 앞선 약간의 무모함으로 시작하지 않았나 싶다. 그러나 그 무모함이 있었기에 과감히 나를 던져 시작할 수 있지 않았을까. 학교를 졸업하고 도예수업 아르바이트와 길지도 않은 액세서리 가게운영 그리고 미술학원에서 1년 조금 넘는 경험밖에 없었지만 무엇을 해도 잘 해낼 수 있을 것 같은 자신감은 충분했다. 20대니 실패해도 괜찮다는 패기도 솟아나고 있었다.

수업만 하는 것과 학원을 운영한다는 것은 분명히 많이 차이가 있을 것이라는 불안이 몰려오기도 했다. 그럴 때마다 나 자신을 믿고 할 수 있다는 믿음과 열정에 가까운 간절함으로 운영에 필요한 여러 가지를 준비하고 채워나가기 시작했다. 내 인생의 두 번째 사업을 보란 듯이 멋지게 성공시키고 싶었다. 적어도 내가 세워놓은 계획은 다 완료하고 싶었다. 그래서 개원 전까지 한 달 정도 남았던 그 시간을 거의 쉬는 날 없이 보냈다.

인수해서 시작할 학원은 어느 정도 안정적인 수입은 보장되었지만 혹시 모를 일에 대비하여 내가 할 수 있는 일들은 내가 직접 해서 인건비를 줄여보기로 했다. 당시에 어차피 최상의 인테리어는 할 수 없었다. 크지 않은 수리와 칠 작업, 보강 작업 등이었는데 그마저 대부분 혼자서 하기로 했다. 30퍼센트 정도 비용 절감이 가능해서 선택의 여지가 없었다,

차량으로 아이들을 픽업하면 좋을 것 같아 차도 알아봐야 했다. 페인트 칠을 하고 아이들 책상과 비품도 구입해야 하는 등 준비할 것이 너무 많았다. 준비 과정에서 길지 않은 경력 때문에 어설프고 재미있었던 일들이 몇 가지 있다.

기존 학부모님들을 만나 뵙는 1:1 상담을 먼저 시작했다. '나'라는 사람이 어떻게 아이들을 가르칠 것이며 어떤 마음으로 아이들을 대할지에 대

해 학부모님들께 먼저 알려드리고 학원 홍보도 할 겸 자리를 만든 것이었다.

한 학부모님께서 짧은 머리에 그날 파마를 뽀글뽀글하게 하고 오셨는데 나이가 나보다 훨씬 많이 들어 보여서 상담하고 끝으로 인사드리면서 "딸이라고 생각하시고 편하게 상담하러 자주 오세요."라고 했다. 그랬더니 얼굴 표정이 뭐랄까? 불쾌하면서 티 내지 않으려는 듯 보였다. 순간 불길한 예감이 확 지나갔다.

입회서류를 확인했더니 나하고 6살밖에 차이가 나지 않았다. '아차' 했던 순간이었다. 너무 의욕만 앞선 어설프고 긴장했던 첫 상담이었다.

개원하면 차량 운행을 해야 해서 장롱면허증을 꺼냈다. 오전에 아이들을 픽업할 9인승 학원 차 운전을 하기 위해 연수를 받아야 했다. 처음부터 기사님을 채용하기는 부담되었다. 운전도 내가 하면 되지 하고 생각했다. 먼저 차량을 구입하기로 했다. 실제 운전 경험이 제로인 상태에서 참 용감한 선택이었다. 아빠와 같이 중고차를 사러 갔다. 아빠는 중고차를 사지 말고 새차를 사길 원하셨다. 하지만 나는 원래 계획대로 중고차를 구입했다.

지금은 남편이 된 남자친구가 매일 밤 사람 없는 공원에서 운전 연습을 시켜주었다. 신기한 건 연습을 하면서 단 한 번도 화를 내지 않았다는 것이다. '내가 너무 잘하고 있구나.'라는 착각도 해봤다. 운전 연습을 하면 항상 벌어지는 일이 있다. 조금 자신감이 생겨 도로로 나가면 계속 직진만 한다는 것이다. 도로로 나가 직진도 해봤고 집 앞에 주차를 하다가 이유 없이 담벼락도 여러 번 들이받았다. 중고차가 더욱 중고차가 되어 갈수록 내 운전 실력은 늘었다.

9인승 승합차로 아이들을 태우려니 여러 번 왔다 갔다 해야 했다. 불편하던 차에 남편이 12인승 새 차를 사주었다. 너무 고마웠다. 하지만 12인승을 운전하려면 1종 보통 면허가 필요했다. 남편은 아침 일찍 일어나기 힘들어 하는 나를 깨워 새벽에 운전면허연수를 받으러 같이 갔다가 회사로 출근했다.

운전 연수를 하면서 기어 변속이 잘 안 되어 긴장하고 있는데 선생님께서 "자~ 출발합니다. 뒤로 가세요!"라고 했다. '아니, 왜 출발하라고 하면서 뒤로 가라는 거지?' 순간 고민이 머릿속을 휙 돌았으나 선생님 말대로 뒤로 가야겠다고 결정하고 후진을 했다.

그랬더니 "뒤로 가면 어떻게 합니까?"라고 하는 것이었다.

"뒤로 가라고 하셔서 뒤로 갔는데요."

"아니 D로 하시라고요. D로!"

선생님은 어이없어했다. 2종 면허는 있는 것 맞냐며 농담도 했다.

난 아직도 모든 선생님 앞에서 작아진다. 왜 그럴까 생각해보니 어렸을 적에도 항상 선생님들 앞에서 난 긴장하고 실수했던 것 같다. 지금은 운전이라면 자신 있지만 운전 선생님이 옆에 타신다면 또 긴장할 것 같다.

학원은 항상 바쁘다. 아침 6시 30분에 일어나면 7시까지 학원에 도착하고 8시까지 유치부 점심 재료들을 준비한다. 8시쯤 차량 운행을 시작해서 9시 30분쯤 끝내고 원에 돌아와 본격적으로 점심 준비를 한다. 다듬어 놓은 재료들로 요리하는 일이 나는 굉장히 흥미로웠다. 다시 아이가 되어 소꿉놀이하는 것 같은 기분이었다. 아이들을 위해서 밥을 하고 정해진 식단대로 반찬을 만들고 예쁘게 세팅하는 일은 12시까지 계속 이어진다. 힘도 들고 신경도 쓰이는 일이지만 그래도 아이들의 식판이 깨끗하게 비워지면 너무 행복했고 뿌듯했다.

결혼도 안 한 내가 유치부 45명과 선생님 3명의 식사를 만들 수 있겠냐는 질문을 개원 전부터 주변 친구들이 많이 했었다. 그러나 나는 크게 걱정하지 않았다. 내가 초·중·고 시절 엄마는 함바집을 하셨다. 지금은 건설 현장 식당, 현장 식당이라고 불린다고 한다. 덕분에 나는 또래의 아이들이 절대 할 수 없는 신기한 경험을 많이 할 수 있었다. 대량의 음식을 손질하는 것이나 음식 맛을 내는 것도 그때 어깨너머로 익힌 탓에 두렵거나 어렵지 않았다.

오후 2시 점심을 먹고 유치부 하원 차량이 나가면 내 수업이 시작되었다. 초등부 아이들의 시간인 것이다. 저녁 6시 초등부 미술 수업을 마치고 마지막 차량이 출발한다. 그러나 학원의 하루가 마무리되는 것은 아니다. 은행이 외부 문을 닫아도 그 안에서 엄청나게 많은 업무가 진행되는 것처럼 학원도 그렇다. 그때부터 다시 시작이다. 유치부 친구들이 하루 일과를 어떻게 보냈는지, 식사는 잘했는지, 친구들과 잘 지냈는지, 무슨 수업을 잘했는지 또 못했는지, 무엇을 싫어했는지 등에 대해 엄마들과 상담을 해야 했다. 수업 중간중간에 아이들의 생활을 간단히 메모를 해두면 엄마와 전화 상담을 할 때 훨씬 수월하며 궁금하신 부분을 자세히 알려드릴 수 있다.

하루 2~3명씩 부모님께 전화를 드린다. 일이 많지만 부모님들께서 기다리시는 마음을 생각하면 전혀 어렵지 않았다.

다음날 수업이 차질 없이 진행될 수 있도록 수업 준비를 해놓고 나면 밤 10시가 훌쩍 넘는다. 그때 집에 가서 저녁을 먹는다. 그냥 잠들어 버릴 때도 많다. 이것도 아무 일 없는 날의 일정이다. 체험이나 행사가 있으면 거의 새벽에 일이 끝난다. 주말도 어김없이 반납해야 한다. 그러나 싫지 않았다.

하루 24시간이 모자랄 만큼 바쁘고 정신없는 일상이 20대의 나에게는 오히려 활력소였다. 생각할 시간이 없으니 다른 고민거리는 생길 틈도 없었다. 소풍, 운동회, 영어발표회, 재롱잔치, 작품전시회, 학부모 간담회 등의 행사들이 바쁘지만 차질 없이 진행되었다. 행사 후 학부모들의 칭찬과 격려 한마디는 선생님들과 원장인 나에게 성취감과 보람을 느끼게 해주었고 다음 행사를 준비하는 큰 원동력이 되었다.

처음부터 잘할 수는 없다. 실수해도 좋다. 실패해도 좋다. 어설픈 경험이더라도 계속 하게 되면 베테랑이 될 수밖에 없다. 나는 모든 도전과 경험들이 학원을 하면서 더욱더 잘 맞물려 돌아가고 있음을 느낄 수 있었다. 어설프고 무모한 도전으로 시작했지만 가능한 일이 되어가고 있었다.

20대에 사업을 시작하고 모든 시간을 학원 운영에 쏟아 부으면서 달려왔다. 인생을 걸었다고 해도 과언이 아니지 않을까. 정신없이 달려오다 보니 벌써 30대가 지나고 40대도 얼마 남지 않았다. 50대를 달릴 준비를 하고 있는 나에게 자신감과 긍정의 힘을 주는 에너지의 원천은 바로 20대의 어설프고 무모했던 도전들과 용기이다.

앞으로도 이 도전과 용기는 더 멋지고 특별한 내가 될 수 있도록 나를 계속 이끌어 줄 것이다.

4

위기의 순간!
생존의 순간!

"배가 항구에 있다면 가장 안전하지만

그것이 배의 존재 이유는 아니다."

괴테

학원 운영 22년. 잘 버텨왔다. 좋은 일만 있어서 유지할 수 있었던 것은 물론 아니다. 어려운 일, 급박한 상황도 여러 번 있었다. 운영을 잘한다고 하는 것은 좋은 순간을 얼마나 오래 지속하느냐 하는 것보다 힘든 시간을 얼마나 잘 견뎌내느냐에 달린 것 같다. 그 시간들을 버티기 위한 오기와 끈기의 씨앗들이 점점 열매를 맺으면서 나와 학원이 성장해온 것이라고 생각한다. 지금 생각해보면 모든 위기의 순간은 생존의 순간이었다.

학원을 시작한 후 학원 중심으로 모든 내 일정이 맞춰지고 돌아갔다. 항상 학원을 생각하며 살았다. 학원을 하는 동안 제일 오래 쉰 것은 첫째와 둘째 출산 후 두 달씩 그리고 코로나로 인한 휴원 기간이었다. 주말에는 다음 주에 필요한 재료를 사러 가는 게 데이트의 한 코스였다. 결혼식도 학원 여름방학에 맞춰서 했다. 그러다 보니 결혼식은 삼복더위 중 중복 날이었다. 결혼식장에는 그날 내 결혼식밖에 없었다. 그래서 결혼식에 온 내 친구들은 모두 다 하나같이 땀을 뻘뻘 흘리며 한마디씩 했다.

"중복에 결혼하니까 예식장을 통째로 빌린 것 같이 좋다. 식사도 여유롭게 할 수 있어서 너무 좋은걸."
"일부러 중복에 결혼한 사람은 너밖에 없을 거야."

"중복에 결혼하는 건 분명 무슨 급한 일이 있는 것 같은데 속도위반 같은 거."

다들 중복에 결혼한 나를 신기한 듯 이야기했다. 부모님께서도 날이 더워 친인척분들이 오시기 불편하시지 않을까 걱정이 많으셨지만 다행히 이해해주셔서 내 계획대로 진행이 가능했다. 학원이 자리 잡아가고 있던 시기라 학원을 오래 비우고 싶지 않았다. 그러면 무슨 일이 생길 것만 같은 불안한 마음이 있었다. 가장 불안했던 것은 내가 자리를 비운 상태에서 아이들 안전에 문제가 생기는 것이었다. 특별한 일이 생기지 않는 한 나는 학원을 지키려고 노력했다.

나에게 위기는 세 가지 유형으로 다가왔다. 관계의 문제, 운영의 문제, 경제적 문제가 그것이다. 개원하고 3년쯤 지나서 사람들과의 관계에 대해 실망하고 피곤함을 느껴 운영을 그만 해야겠구나 결심한 적이 있다.

중복에 결혼 날짜를 잡고 2주쯤 남은 상태에서 학원으로 교육청 점검이 진행된다는 통보가 왔다. 그 무렵 주변에 새로 오픈한 부부 원장이 있었는데 나에게 이런저런 정보를 물어보는 정도의 관계였다. 경험이 하나도 없이 시작하신 용감한 부부셨다. 그곳도 점검 통보를 받았다고 했다. 그래도 난 다른 학원 경력이 있고 협회에 가입이 되어 어느 정도 점검에 대한 정보가 있어서 점검 준비를 차근차근할 수 있었다. 하지만 그분들은 경험이 없는데 교육청 점검을 한다고 하니 긴장되어 나에게 여러 가지를 물어보고 준비하셨다. 나는 최대한 알려드렸다. 그런데 부부 원장님이 점검에서 잘못된 사항을 지적받게 되었다. 그분들은 억울하다며 교육청 게시판에 감사에 문제가 있었다며 항의 글을 올렸다고 했다. 그런데 협회에서 전화가 나에게 왔다. 협회에서 게시판 관련해서 부부 원장님께 전화를 했더니 항의글을 내가 올리라고 했다고 하더라는 것이다. 그래서 협회 임원을 맡고 계신 주변 원장님들께서 화가 나서 지금 우리 학원으로 가고 있다고 하는 것이 아닌가. 황당했다. 8명쯤 오셨는데 오셔서 큰소리로 같이 망하자는 것이냐며 화를 내시고 그런 적 없다고 해도 듣지도 않으시고 가셨다. 협회에서 뵐 때는 존경스러운 분들이라고 생각했는데 소통이 되지 않음을 느끼고 실망이 컸다. 며칠이 지나고 부부 원장님께서 내 결혼 소식을 들으시고는 지나가다 들르셨다며 그때는 미안했다고 벌점이 많아져 게시글을 올리면 운영 정지까지는 안 될 줄 알고 생각 없이 올렸는데 협회에서 전화가 와서 순간 그렇게 얘기했다고 하셨다. 그러고 나서 다음날 다시 협회에 전화를 해서 아니라고 말했다고 했다.

다음날 협회에서도 전화가 오긴 했다. 오해해서 미안하다고. 하지만 정작 소통이 안 되던 내가 존경했던 분들은 사과하지 않았고 협회 담당자가 전화를 했을 뿐이었다. 사과의 마음이 전혀 느껴지지 않았다. 그 후로 바로 협회에서 나는 탈퇴했다. 동시에 오기도 생겼다. '두고 보자. 협회 없이도 잘할 수 있다고…!'

관계로 인한 위기는 참 많이 온다. 그럴 때 나는 정직하게 원칙대로 대응한다. 순간을 모면하려고 잔머리를 쓰지도 않고 하던 대로 해나간다. 그러면 시간이 걸리기는 하지만 관계는 다시 바로 잡혀지고 뒤탈도 없다.

한 번은 아이가 책상 밑에 숨는다며 들어가다가 책상에 앞니가 부딪혀 피가 났다. 모두 놀랐고 나는 그 친구를 안고 치과로 막 달려갔다. 지금도 6세 아이를 안고 막 달렸던 초인적인 힘이 어디서 나왔는지 궁금하다. 다행히 큰 상처는 아니니 시간이 지나면 괜찮다며 걱정 말라는 의사 선생님의 말씀을 듣고 나서야 안심이 됐다.

이 아이를 안고 치과로 무작정 달려간 이유가 있었다. 이 아이가 다닌 지 며칠 안 되어 아이 어머님께서 전화를 주셨다. 아이 친할머니께서 아이가 다니는 곳이 어떤 곳인지, 원장님과 선생님은 어떤지 직접 가서 보시고 마음에 들어야 원비를 지원해 주시겠다고 하셨다는 것이다. 곧 할머니가 도착하실 거라고 말하는 엄마는 미안한 마음을 전달했다. 엄마는 할머니의 행동을 이해해 달라고 하시며 할머니에게 매달 원비를 받아야 하는 상황이라 어쩔 수 없다고 말했다. 이해는 되지 않았지만 일단 거의 오셨다고 하시고 난 거절을 못 하는 초짜 원장이었기에 할머님을 버선발로 맞이했다. 수업 중이니 다른 시간에 방문해주셔야 한다고 정확하게 말할 수 없었던 정말 왕 초보원장 그 자체였다. 오셔서 둘러보시며 오늘 점심은 무엇이 나오는지 물어보고 나와 선생님들을 찬찬히 보기도 하고 종교도 물어보고 잘 부탁한다고 하고 가셨다. 통과했다는 뿌듯함에 꾸벅 인사를 드렸던 기억이 있다.

친손녀에 대한 사랑이 이토록 과한 분도 있구나 했다. 아이가 다니는 학원에 방문하여 보시고 원비를 며느리에게 주시겠다는 분이 과연 몇 분이나 계실까? 엄마는 아주 민망한 표정으로 할머님을 모시고 가셨다. 눈으로 나에게 죄송하다는 메시지를 보내시면서….

그런데 바로 그 아이가 다친 것이다. 처음 학원에서 사고가 난 것도 놀랄 일이지만 그 아이여서 더 놀라 안고 치과로 달려갔던 것이다. 달려가면서 할머님의 얼굴이 떠오르고 10분 아니 20분 후에 어떤 일들이 나에게 벌어질지 긴장되고 두려웠다. 결과가 정말 가벼운 상처라서 다행이었고 치과로 오신 어머님께도 의사 선생님께서 잘 설명해 주셨다.

그리고 아이를 안고 달려오셨다는 말씀을 들으시고는 고맙다고 하셨다. 긴장이 확 풀리고 학원으로 오면서 약국에서 청심환을 하나 사서 먹었다. 한 달 동안 쓸 에너지를 한 번에 소비한 느낌이었다. 위기 상황이었지만 일단 내가 맡은 아이였고, 어머님, 할머님 모두 나의 고객이었기에 나는 최선을 다하지 않을 수 없었다. 다행히 잘 해결되었고, 이 사건을 기점으로 학원에서 일어나는 모든 문제에 대해 나는 그 아이를 안고 뛸 때를 떠올리며 해결해나간다.

첫째 임신 중 운전을 계속하다가 여러 번 입원한 적이 있었는데 둘째 임신 중에도 운전 때문에 생긴 위기의 순간도 있다. 지역 특성상 평지보다 언덕이 많아 차량 운행을 쉴 수 없었다. 둘째 예정일 50일쯤 남겨놓고 언덕길을 운행 중이었다. 10미터쯤 앞에 있는 차의 후진 등이 켜지더니 갑자기 전속력으로 후진해서 내 차와 부딪혔다. 앞 범퍼는 거의 다 찌그러졌다. 앞차는 운전미숙으로 후진기어 상태에서 가속페달을 밟은 것이었다. 순간 내 뒤차 운전자들이 내려서 만삭인 나의 상태를 보고 놀라며 구급차를 불러주었다. 난 뒤에 타고 있는 아이들을 보고 괜찮은지 먼저 체크했다. 차가 크게 움직이거나 하지 않아서 다행히 아이들은 병원 진료에서도 이상 없었다. 내 상태가 걱정되기 시작했다. 주변 사람들은 나를 걱정하고 있었는데 난 내가 병원에 입원을 하게 되면 학원 차량 운전과 학원의 업무를 차질 없이 어떻게 할지를 생각하고 걱정하고 있었다.

앞 범퍼가 찌그러짐이 심해서 운전석에 있었던 난 입원을 피할 수 없었고 만삭이었기 때문에 여러 가지 검사를 해야 했다. 계속 배는 뭉치고 아팠다. 갑자기 생긴 사고로 운전을 더 할 수 없어서 출산 시 운전해 주실 분이 2주 미리 오시기로 하셨다. 한시름 놓았지만 업무도 마무리 못 해놓고 입원했기 때문에 원활하게 운영이 되지 않을 것도 걱정이었다.

병원에 있는 동안 불안했다. 학원이 어느 정도 안정기라서 기사님을 채용해도 됐지만 운전을 하다 보니 여기저기서 학원 차량에 대한 사고 소식에 걱정이 되어 운전만은 내가 해야 아이들이 안전하다고 생각을 했기에 맡기고도 불안했다. 될 수 있으면 할 수 있는 데까지 하고 출산 때만 잠시 쉬는 걸로 생각했는데 2주를 더 앞당겨 쉬게 돼서 걱정이 컸다.

하지만 입원해 있는 동안 할 수 있는 게 아무것도 없으니 그냥 멍하게 생각하다가 갑자기 학원 생각만 했던 나를 걱정해주고 있는 가족들한테 미안하고 더군다나 첫째에게 그리고 태어날 둘째에게 너무 미안했다.

'첫째는 나의 빈자리를 느끼고 있을 텐데…, 내가 운전을 안 했다면 둘째에게 이런 일이 생기지 않았을 텐데….'라는 생각에 그리고 내 아이들을 먼저 생각하지 않았다는 자책감이 너무 커서 힘들었다.

내가 일을 하면서 내 아이들을 잘 돌볼 수 있을지 이렇게 갑자기 생긴 순간순간을 나는 과연 현명하게 그때마다 잘 대처할 수 있을지에 대한 부담이 크게 다가왔다. 그리고 왜 나에게만 이런 일이 생길까? 하는 부정적인 생각들도 나를 더욱 힘들게 했다. 다른 사람들은 순탄하게 아무 일 없어 보이기만 하는데 난 왜 어려운 상황들이 생기는지 화가 났다.

하지만 그런 부정적인 감정을 표현할 수 없었다. 난 책임감 있게 학원을 운영해야 하니까. 이런 감정노동이 나를 지배하면 하루 종일 시간을 갖다버린 느낌이 들었다. 그래서 나는 나를 마음으로 걱정해주고 아껴주는 가족들과 주변인들을 생각하며 불행해지는 감정노동에서 최대한 빨리 벗어나고자 나의 모든 오기와 끈기로 현재도 상황과 전쟁중이다.

경제적 문제는 언제나 타격이 크다. 코로나로 인해 오랜 기간 휴원하게 되면서 나는 너무 지쳐 있었다. 두 달간 매출은 5만 원이었다. 그마저 수강료가 아니었다. 학원 근처에서 드라마를 찍고 있었는데 그 스텝 중 한 명이 석고상이 필요하다며 대여료 5만 원을 제시하고 하루 동안 대여한 비용이었다. 카드단말기에 정산을 누르고 5만 원을 보니 웃음도 나고 기가 막혔다. 그런데 마침 건물 사장님께서 전화를 하셨다. 3개월간 월세를 받지 않겠다고 하셨다. 눈물이 왈칵 쏟아졌다. 날마다 학원에 나와 성실하게 일하는 내 모습을 본 건물주의 배려였다. 너무 감사했다. 덕분에 코로나로 인해 위기의 순간이었지만 생존의 순간으로 바뀐 하루였다.

생각하지도 못한 해결책을 주신 건물주를 생각할 때마다 감사한 마음이 크다.

　이런 모든 일들이 나의 위기의 순간들이었다. 하지만 다시 생각해보면 위기의 순간과 생존의 순간은 항상 같이 오고 있었다. 위기가 오면 어떻게든 헤쳐 갈 힘이 생겨나서 다시 생존의 순간이 되기도 한다. 이런 상황들이 계속 반복되면 위기와 생존 사이에 연결되는 그 무언가가 존재하게 되는데 오기와 끈기 그리고 진심이라는 연결고리가 있는 듯하다.

　22년을 오기로 다시 일어서고 끈기로 버티고 진심으로 아이들을 먼저 생각하고 운영을 했다. 난 그렇게 했기에 위기의 순간에도 재빠르게 생존의 순간으로 바뀔 수 있었다고 생각한다. 항상 아이들을 위한 학원을 하고 있다는 것을 잊지 않고 어떠한 순간에도 아이들을 위한 선택과 결정을 한다면 후회하지 않을 것이라고 생각한다.

5

잘되는 학원, 망하는 학원

문제점을 찾지 말고 해결책을 찾으라

|

헨리 포드

학원 운영 20년 차 정도 되면 어떤 학원의 원생이 대략 몇 명이고 교사가 몇 명인지 알면 매출이 어느 정도이고 앞으로 어떻게 되겠다는 예측이 가능하다. 이 얘기는 어느 정도의 경력이 되면 학원을 운영할 때 감이 있다는 말이다. 그 감이 쌓여서 실행이 되고 기록되면 자기만의 노하우가 될 수 있다. 누구나 알고 있는 잘 되는 방법 외에 그 자리에서 자기만의 노하우로 버티기에도 중요하다.

주변에는 새롭게 개원하는 학원들이 있는데 그중에 경쟁력 있는 프랜차이즈들도 있다. 프랜차이즈의 경우라도 대부분 지역에서 통용되는 자료를 분석한 것을 제시하는 것일 뿐 내가 운영하는 학원과 지역의 특성에 대해 상세하게 분석한 자료를 가지고 있는 것은 아니다. 그래서 프랜차이즈를 하더라도 나머지 부족한 부분은 자기 자신만의 노하우로 채워서 운영하는 것이 꼭 필요하다.

22년 동안 학원을 운영하면서 제일 중요하다고 생각하는 나의 노하우는 꼼꼼하게 기록하는 것이다. 다른 사업을 할 때도 꼭 필요한 부분일 듯하다.

처음에는 머릿속에 모두 기억할 수 있을 줄 알았다. 하지만 새로운 선생님이 오셨을 때마다 인수인계가 원활하지 못한 것이 발견되었다. 수업이 원활하게 진행되려면 한 달은 족히 걸렸다. 한 달이라는 시간이 그냥 흘러가버렸고 또 나의 노동력까지 덤으로 허비되었다. 그래서 일을 체계적으로 나누고 기록하기로 했다. 오류를 줄이고 일의 효율을 높일 수 있어서였다.

잘 되는 식당에 가면 바쁜데도 막힘없이 잘 돌아간다. 그 이유는 각자 맡은 일을 그 자리에서 완벽하게 하기 때문이다. 자기 위치에서 할 일을 제대로 하지 못하면 누가 무슨 일을 하는지 중구난방이 되어 일의 진행에 있어 차질이 생긴다. 각자의 일을 나누어 체계화하여 기록하고 진행한다면 훨씬 효율적으로 일할 수 있게 된다. 직원들의 갑작스러운 퇴직 통보나 합류에도 일에 대해 체계화된 기록들이 있으면 시행착오를 줄일 수 있다.

시간이 걸리더라도 체계적인 시스템이 되도록 준비해 놓는 것이 제일 먼저 할 일이며 잘 되는 학원의 방법이다.

원장님들은 각자의 학원 운영 방법이 모두 있다. 그러나 주먹구구식으로 하는 경우가 많다. 각자의 운영 방법은 경험으로 모으고 알아낸 엄청난 자산이다. 그것을 체계적인 시스템으로 만들어 놓는다면 효과는 배가 될 것이다.

내가 학원 운영에 대해 기록하는 내용은 다음과 같다.

① 운영 시에 꼭 해야 할 것들, 알고 있는 것들을 적어 놓는다. 처음 기록이 귀찮을 뿐 적어 놓기만 하면 이후에는 업데이트만 하면 된다.

② 오늘 해야 할 업무를 우선순위를 정해서 기록한다. 우선순위는 그동안의 경험을 충분히 반영해 정한다.

③ 달력에 학부모님들의 연락이나 변동 사항을 메모한다. 이 메모는 원장인 나뿐만 아니라 모든 선생님들이 확인한다. 추가적인 변동 사항도 누구나 기록할 수 있도록 한다. 이 달력은 일정을 확인하는 데 가장 중요한 역할을 한다. 작은 것이라도 적어 놓으면 언젠가는 반드시 쓸모 있는 데이터가 된다. 기록은 너무나 중요하다.

또 하나의 중요한 기록은 상담일지다. 나의 상담일지를 보면 방문 상담의 경우 거의 100% 등록으로 이어진 것을 볼 수 있다. 그만큼 상담일지를 꼼꼼히 적는 것은 중요하다. 상담일지 적는 요령은 다음과 같다.

① 상담일지는 부모님과 친해지기 전에 작성되므로 먼저 아이들에 대한 내용을 적는 것으로 시작한다.

② 좀 서로 익숙해지면 부모님의 질문 사항과 요청 사항 등을 이야기하면서 기록한다.

③ 아이의 건강, 알레르기, 성향 등을 기록한다.

④ 그 외 필요한 모든 내용을 기록한다.

⑤ 첫 수업을 할 때는 반드시 상담일지를 확인하고 아이를 대한다. 진심으로 관심을 가져준다고 생각하면 아이는 백이면 백 마음을 연다. 상담일지의 중요성이 확인되는 순간이다.

학원도 서비스업인 만큼 어느 정도 내가 해드릴 수 있는 것들을 해드린다. 맞벌이일 경우는 더 그렇다. 맞벌이의 고충은 나도 익히 겪어봐서 부모님들이 항상 노심초사한다는 걸 충분히 공감하기 때문이다.

간혹 선을 넘는 요구를 하시는 분도 계시지만 기분 좋게 거절하면 거의 이해하신다. 솔직하게 원칙을 이야기해서 딱딱하게 거절할 수도 있지만 부드럽게 거절하는 것이 세련되고 효과적이다. 중요한 것은 나도 최선을 다했다는 걸 반드시 전달해야 한다는 것이다. 그래야 서로 기분 좋게 그 상황을 마무리할 수 있다.

학원 운영은 결코 강사를 오래 했다는 것만으로 잘되지 않는다. 수업하는 능력과 운영하는 능력은 분명히 다르다. 운영은 훨씬 멀리 보는 안목, 선택과 실행 능력이 있어야 하기 때문이다.

잘 되는 학원은 아이에게도 학부모에게도 최선을 다한다. 아이도 학부모도 고객이며 관심이라는 서비스를 원한다. 나는 아이들이 학원에 오면 눈을 마주치고 인사한다. 이것은 기본사항이다. 그다음에는 모든 아이와 어떤 대화라도 한 번 이상은 나눈다. 예쁜 원피스를 입고 왔으면 원피스 얘기를, 머리 스타일이 바뀌었으면 머리 스타일 얘기를 한다. 키우는 반려견 얘기도 좋고 점심 반찬이 어떤지도 물어보고 학원에 오면서 덥지는 않았는지 춥지는 않았는지 감기에 걸린 듯 기침하면 따뜻한 물을 마시면 좋겠다고 하는 등 대화를 나눈다.

나는 아이들에게 내가 먼저 말을 걸고 다가가는 것이 좋다. 관심을 갖고 있다고 표현하는 방법은 아이들과 이야기 나누는 것이라고 생각한다. 진심으로 다가가면 아이들과 학부모는 내게 다른 사람을 연결해 줄 수 있는, 생각지 못한 해결책을 제시해주는 어찌 보면 협력자 역할을 한다. 나와 협력자인 그들에게 내가 최선을 다하고 진심으로 대하는 것, 이것이 잘 되는 학원의 가장 중요한 조건이다.

6

지나온 20년 다가올 20년

자신이 해야 할 일을 결정하는 사람은
세상에서 단 한 사람, 오직 나 자신뿐이다.

|

오손 웰스

2002년 9월, 20대의 패기로 학원을 오픈하고 여러 번의 위기를 거쳐서 지금까지 달려온 나를 생각해보면 아무것도 하지 않고 보낸 시간들이 거의 없었다. 항상 무엇을 하지 않으면 불안했던 것 같다. 힘들고 어려웠지만 내가 선택한 길이기에 잘해내고 싶은 마음이 컸고 포기하는 건 너무 싫었다. 그 안에서 무언가 어떤 결과물이라도 내고 싶은 고집으로 좌우충돌하며 웃으면서 견디고 울면서 견딘 20년 넘는 세월이었다.

일을 하면서 자존감이 깊숙이 땅속으로 처박혀 있게 될 때도 있고 사람들 때문에 상처받고 억울할 때도 있었으며 제대로 내 얘기를 하지 못했던 적도 있다. 그럴 때마다 원인을 파악하고 문제해결이 먼저인데 운영 초반에는 남 탓하는 데 감정 소모를 하며 시간을 낭비했다. 부정적인 생각과 감정이 계속되면 나의 모든 것이 무너진다는 걸 빨리 깨달았으면 좋았을 걸. 어차피 운영하는 동안은 수시로 자존감이 떨어지거나 상처받는 일들이 반복될 텐데 말이다.

나중에야 어차피 그렇게 될 테니 차라리 단단해지고 강해져 보자고 생각을 바꾸었다. 그랬더니 20년 동안 괜찮게 지나온 것 같다.

어떤 날은 오전에 스케줄 변동으로 또는 상담으로 전화가 계속 이어질 때가 있다. 가끔 옆에서 지켜보시던 엄마는 학원 일이 이렇게 신경 쓸 게 많고 정신없는 걸 누가 알겠냐며 이렇게 신경 쓰고 힘든 일인 줄 알았다면 뜯어말렸을 거라고 말씀하신다.

"바쁘게 악착같이 참 잘 산다."

"아이들의 그 많은 스케줄이랑 차량 순서를 어떻게 다 외우고 있냐?"

"네가 일을 안 하는 걸 내가 보는 날이 과연 올지 모르겠다. 억만금을 버는 것도 아니고 할 일이 학원밖에 없는 것도 아닌데….."

오전에 문자나 전화를 받느라 내 시간이 거의 없다는 걸 아시는 엄마에게 아직도 내가 듣는 얘기다. 엄마가 나에게 자주 종종 하시는 얘기가 또 있다.

"이만큼 했으니 이제 그만해도 되지 않냐?"

이런 질문을 받을 때면 난 대답을 한 적이 없다. 뭐라고 얘기해야 할지 아직도 모르겠다. 내가 22년 동안 일을 할 수 있었던 건 90%는 엄마 덕분이다. 연년생 남매를 첫째는 안고 둘째는 업고 키워주셨다. 손주 손녀의 소중함과 귀여움에 허리 아프고 피곤하신 줄도 모르고 신생아부터 10년간을 딸을 위해 시간을 기꺼이 내어주셨다.

어떤 때는 나의 감정노동을 해결해 주실 때도 있다. 속상한 부분을 얘기할 때면 사이다 같은 통쾌하고 시원한 입담으로 공감해주실 때 나의 고민과 걱정은 어느 정도 해결되어 다음 날을 준비하는 에너지가 다시 생기기도 한다.

지나온 20년은 나 혼자 걸어 온 것이 아니다. 앞으로의 20년도 나 혼자 걸을 수 없다. 목적지가 분명히 있지만 가끔 길을 잃을 때 그때마다 올바른 방향으로 갈 수 있도록 방향을 알려주는 분들이 내 주위에는 너무나 많다.

존 맥스웰은 『사람은 무엇으로 성장 하는가』에서 우리는 모두 인생이라는 경기를 뛰는 선수라고 했다. 그리고 돈을 많이 벌었다는 것이, 명예를 높였다는 것이, 공부를 많이 했다는 것이 인생에서의 승리를 의미하지는 않는다고 했다. 중요한 것은 내 안의 가능성과 잠재력으로 인생이라는 경기에 성실히 임했다는 자부심이라고 했다. 20년 넘게 난 성실하게 걸어왔다고 자부한다. 지금도 성실하게 묵묵히 내 일(job)을 하면서 내일(tomorrow)을 준비한다.

20년 후의 내 삶에서 가장 중요한 것도 아마 이런 자부심 아닐까. 내일을 위한 오늘을 살아온 지 22년, 앞으로의 20년도 계속해서 이렇게 살아갈 것이다. 나는 하루하루 나의 가능성과 잠재력을 발견하면서 계속 성장하는 데 삶의 목표를 둘 것이다. 그러면 20년 후, 좀 늦게 갈 수는 있어도 나의 목적지에 안전하게 도착해 있을 것 같다. 얼마나 돈을 많이 벌었을까, 얼마나 세상에 많이 알려졌을까 말고, 얼마나 나는 성장했을까를 생각해볼 때 가장 설렌다.

그리고 6세 귀여운 아이가 초등학교 5학년 빠른 사춘기가 되고 중·고등학생이 되어 스승의 날 편의점에서 커피우유를 사 가지고 감사하다며 찾아와 주는, 빨간색 종이로 하트를 접어 원장실 책상 위에 몰래 올려놓고 가는, 아파서 유치원은 안 가도 학원은 꼭 갈 수 있다고 하는, 태어난 지 22개월 차 아기가 기저귀를 차고 수업했지만 지금은 초등생이 되어 아직까지 미술 수업을 하는 이런 친구들이 나의 20년을 보상해준 것처럼 이들이 20년 후 더 자라서 멋진 어른이 되어 다시 만나는 것, 이것도 20년 후의 나를 사정없이 기대하게 만드는 내 삶의 가장 큰 의미다.

"지금의 모습으로 나를 성장하게 만들어 준 학원 하길 정말 잘했다."

20년 후에 내가 꼭 하고 싶은 말이다.

Chapter 4

박미경 이야기:

영어,
인생 2막의 열쇠

"언어는 영혼의 창이다."

언어를 배우러 떠난 낯선 땅에서 사람을 만나고 문화를 배웠다. 언어는 내 생각을 전달하는 도구 정도로 생각했다. 세계 여러 나라 사람을 만나기 위해 배운 언어가 인생 2막의 열쇠가 되었다.

평범했던 일상은 '영어'라는 언어를 통해 세상을 다양한 시각으로 바라보게 되었다. 다양한 사람을 만나 소통하고 다른 문화를 이해하면서 그 속에서 나 자신에 대해 더 많이 배울 수 있는 성장의 기회를 얻게 되었다.

다양한 문화를 적응하고 배우며 성장하는 과정은 내 안에 잠재된 열정과 재능을 발견하는 계기가 되었다. 다양한 사람과 교류함으로써 자신의 한계를 넘어설 수 있는 용기와 자신감도 얻었다. 언어는 말을 하는 것이 아닌 문화를 나누는 것과 같다.

언어를 통해 가치 있는 경험을 하고 그 경험이 자신의 성장 동력이 되길 바란다.

1

한 번뿐인 내 인생,
영어를 잘한다면

"인생은 한 번뿐인 여정이다."

　누군가는 너무 고리타분하고 시대에 뒤떨어졌다면서 이 말에 동의하지 않을지도 모른다. 그러나 나는 이 짧은 글을 통해 사람은 자신의 꿈을 향해 열심히 나아가야 하고, 여러 가지 경험과 개인적인 성장을 쌓으며 최선을 다해 살아가야 한다는 것을 알게 되었다. 이 한 문장으로 내 생각도 바뀌고 세계 문화에 대해 열린 마음도 갖게 되었다. 모든 순간이 소중해졌다. 그 순간을 어떻게 보내느냐에 따라 우리의 인생이 크게 달라질 수 있다는 것도 발견했다.

　나의 모든 여정에는 영어가 있었다. 영어는 단순히 다른 문화의 언어를 습득하는 것을 넘어 나 자신의 성장과 자기 계발에 도움을 주는 도구였다.

세계로의 첫걸음: 자아 발견의 여정

"세상은 책이다. 여행하지 않는 사람은 한 페이지만 읽는다."

― 세인트 어거스틴

1989년에 해외여행이 자유화되었다. 나도 해외여행을 해 보기로 마음먹고 친구들과 여권을 만들어 태국, 타이완, 홍콩으로 단체여행을 떠나기로 했다. 생전 처음 장시간 비행기를 타야 해서 약간 긴장 했다. 친구들이랑 해외여행을 떠난다는 사실 자체만으로도 설레고 가슴 벅찬 경험이었다. 새로운 세상에 대한 상상과 기대로 몇 날 며칠 밤잠을 설쳤었다.

그러나 막상 도착하고 보니 언어 소통이 제대로 되지 않아 어딜 가나 불편했다. 말이 통하지 않으니, 마음도 답답해져서 전혀 여행을 즐기지 못했었다. 마치 쇼윈도 쇼핑을 하는 느낌이었다. 결국 그 나라의 신기한 문화와 사람들에 대한 호기심을 충족하지 못한 채 돌아왔다. 그렇지만 익숙하지 않은 곳에서 여행은 낯섦과 다름을 느낄 수 있었다. 그것은 정말 귀중한 경험이었다.

"결핍은 성공의 원천"이라는 말처럼 채워지지 않아 또 떠나고 싶었다. 그 열망은 내가 새로운 인생 여정을 시작하는 디딤돌 역할을 했다. 한국으로 돌아와 '세상은 이렇게 넓고 내가 보지 못하고 알지 못하는 것이 이렇게나 많았네. 우물 안 개구리처럼 이 땅에서만 살고 있었구나.' 하는 생각에 사로잡혔었다. 나의 첫 해외여행은 무의식 속에 숨겨 두었던 나 자신으로 살고 싶다는 욕구를 일으켰다. 그리고 새로운 세상에 대한 지적 호기심을 더욱 자극했다. 정확히 6개월 후에 나는 직장을 그만두었다. 물론 걱정과 두려움으로 많은 시간 고민했다. 그러나 내 의지는 계속해서 앞으로 가기를 원하고 있었다.

세계로의 두 번째 걸음: 타이완에서 발견한 영어의 힘

온전히 내 자신의 결정인 인생 여정은 타이완 타이베이에서 시작되었다. 그곳에서 어학연수생으로 살게 되었다. 여행과 달리 다른 문화 속에서 산다는 것은 또 다른 나를 만나고 다듬어 가는 과정이었다. 나는 오랫동안 중국어와 중국 문화에 관심이 많았다. 그래서 타이완이 왠지 익숙하게 느껴졌다. 그러나 생각과 직접 사는 것은 다르다는 것을 알게 되었다. 고수가 들어 있는 음식은 몇 번을 도전해도 못 먹었다. 횡단보도에서 신호등을 기다리는 수많은 오토바이를 보면 언제나 낯설었다. 후덥지근한 날씨는 적응을 포기하는 것이 쉬울 정도였다.

그래도 한 가지 다행인 점은 타이완에서 하숙을 치시는 할머니 덕분에 많은 것을 배우게 되었다. 중국이 고향인 할머니는 중국 이야기도 해 주시고, TV를 보면서 물어보는 것도 잘 알려주셨다. 나를 새벽에 태극권

하는 곳에도 데려가기도 하시고, 시장에도 데려가셨다. 할머니 친구들과 제자들이 오면 나를 소개해 주기도 했다. 내향적인 나는 '내가 이런 일들을 좋아했었나?' 하는 생각을 하면서 매우 평화롭고 여유롭게 보냈다. 온전히 나를 위한 나날이었다.

그런데 그곳의 평화로운 생활을 깨는 일이 생겼다. 중국어 어학연수원에 등록하러 간 날이었다. 등록 절차를 위해 서투른 중국어로 애쓰고 있었다. 그러나 모든 스태프가 영어로 이야기하고 있었다. 충격이었다. 당황스럽기도 했다. '왜 이들은 영어를 쓰는 거지? 중국어로 이야기해야 하는 것 아닌가?' 그러다 잠시 후 나 자신에게 물었다. '그들이 온전히 중국어로만 일을 처리하면 너는 알아들을 수 있겠니?'

순간 국제 통용어로서의 영어의 힘을 이해하게 되었다. 영어가 가능하면 더 많은 선택권이 있고 세계의 많은 사람과 소통할 기회가 생긴다는 사실을 깨달은 것이다. 그 후에 나는 영어에 대해 끊임 없는 고민을 했다. 타이완에서의 1년은 영어의 중요성을 절실히 느낀 기간이었다. 나의 다음 행선지는 당연히 미국이었다. '딱 1년만 미국에서 영어 공부를 하자.'라는 생각으로 미국행 비행기를 탔다.

세계로의 세 번째 걸음: 미국에서 경험한 문화와 사람들

미국행은 시작부터 달랐다. 누구도 가르쳐 주지 않는 삶을 배워가고 있었다. 미국 비자를 받기 위한 과정은 내 지난 삶을 증명하고 새로운 삶을 위해 준비하는 시간이었다. 미국에서는 타이완의 평화롭고 여유로운 생활은 꿈도 꿀 수 없었다. 유학 생활 내내 베이비시터, 세탁소, 음식점과 학교 식당 등 아르바이트를 쉬지 않고 했다. 영어를 공부하러 왔을 뿐인데 정신적으로 육체적으로 힘든 순간이 너무 많았다. '내가 계획했던 것보다 너무 멀리 와서 그런가, 욕심을 부려서 이런 고생을 하고 있나?' 하는 생각을 하며 좌절하기도 했다. 그러나 죽으라는 법은 없다고 하숙집 가족과 주변 사람들이 너무 좋았다. 그들의 위로와 격려 덕분에 외국에서 외롭고 힘든 생활을 잘 견뎌낼 수 있었다.

특히 하숙집 가족은 너무 따뜻하고 친절했다. 다른 문화권 사람들도 가족 같은 친밀감을 가질 수 있다는 것을 알게 해주었다. 하숙집 아이들과 게임도 하고, 화덕 주위에 하숙집 가족과 모여 함께 피자를 먹으며 이야기도 나누었다. 내가 생소한 것을 접할 때마다 하숙집 가족은 항상 열심히 설명해 주었다. 실제로 다섯 명의 자녀와 부부는 나의 스승이었다. 그들은 나를 데리고 교회에 가 교인에게 소개해 주기도 했고, 차고 세일

(garage sale)에도 참여하게 해주었다. 그리고 집안 행사에도 초대하는 등 그들의 문화를 더 깊이 체험할 기회를 많이 만들어 주었다.

한 번은 내가 학교 식당에 아르바이트를 신청했을 때였다. 내가 하숙집 부부에게 차가 없어서 새벽에 일하기는 어렵겠다고 말을 했다. 그런데 그들은 새벽 6시에 시작하는 나의 아르바이트를 위해 학교까지 1년 6개월 동안이나 데려다 주었다. 지금 생각해도 정말 좋은 분들이었다. 나는 미국을 떠날 때 그동안 신세 진 것이 너무 많아 어떻게 갚아야 할지 모르겠다고 했다. 하숙집 부부는 자기들에게 갚을 필요는 없고 나중에 나와 비슷한 상황의 사람을 만나면 그때 손길을 내밀어 주라고 했다. 그들의 선한 마음과 행동은 나를 봉사활동의 세계로 이끌었다고 생각한다.

미국 생활을 통해 내 영어 실력은 크게 향상되었고 동시에 그들의 문화도 깊이 이해하게 되었다. 나만의 모습으로 성장하고 독립적인 존재의 기반을 마련한 중요한 시간이었다. 그 동안 나는 하숙집 가족들과 페이스북으로 연락을 주고받았다. 20년 만에 다시 미국을 방문해 그들을 만났다. 그들 부부는 거의 10명의 손주를 둔 할아버지와 할머니로 행복하게 살고 있었다. 그들은 모두 한국이라는 나라를 생각할 때마다 나를 생각했다고 했다. 그들에게 나는 한국의 대표였다. 그때로 다시 돌아갈 수 있다면 좀 더 멋진 한국의 대표로 그들을 만나면 좋겠다. 해외 생활을 하면 한국에 대한 애정이 더 깊어진다던데 맞는 말이다.

세계로의 네 번째 걸음을 위해서: 한국에서 시작한 영어에 대한 평생 교육 여정

나는 나도 모르는 사이에 또 다른 인생 여정을 시작하고 있었다. 1996년 1월, 4년간의 유학 생활을 마치고 돌아왔다. 나는 지인의 소개로 영어 학원에서 시간제로 잠시 일을 하게 되었다. 내가 공부했던 것과 관계없이 학생들에게 영어를 가르치기 시작했다. 매우 즐거웠고 성취감도 얻을 수 있었다. 학생을 가르친 경험이 없던 나는 잘해보려고 여러 가지 공부를 시작했다. 전문성을 키우려고 영어 교육 관련 책도 읽고, 세미나에도 참석했다. 실제로 아이를 가르치는 경험도 필요해서 많은 수업을 했다. 그러다 얼마 지나지 않아 아이들을 가르친다는 것이 단순히 기술을 익힌다고 해결되는 것이 아니라는 것을 깨달았다.

가르친다는 것은 지식을 효과적으로 잘 전달하는 것에만 국한되는 것이 아니었다. 진정한 교육의 가치는 그 이상이었다. 가르칠수록 더 알고 싶어졌다. 그래서 교육과 관련된 분야에 관심이 많아져 심리학, 상담학,

신학, 외국어로서의 한국어학도 공부하고 관련된 책을 읽었다. 그리고 영어 교육 관련 TESOL 대학원까지 다녔다. 대학원에서 내가 가르치며 궁금했던 많은 부분을 알게 되었다.

영어 학원에서 대학원 졸업까지는 10년이 걸렸다. 그 긴 여정을 통해 1:1 코칭에 적합한 영어 공부방을 개설하게 되었다. 그리고 다시 16년이라는 시간이 흘렀다. 나는 한 명 한 명과 개인적인 상호작용을 통해 학생들의 성장을 도우며 배우고 있다. 말 그대로 가르치며 배우고 있다.

단체 해외여행으로 시작해서 영어를 가르치는 공부방 교사가 되기까지 긴 시간이 흘렀다. 영어의 중요성을 알고 실천하면서 지금도 긴 시간의 여행을 하고 있다. 내가 아는 것을 보여주고, 알려주고 싶었다. 학생들이, 젊은 청년들이, 늦었다고 생각하는 어른들이 영어를 배우는 것을 포기하지 않기를 바란다. 포기하고 싶은 마음을 이기고 계속 노력하고 배우는 과정에서만 배울 수 있는 또 다른 가치가 있기 때문이다.

2

세상으로 나아갈 준비를 하라

인생이란 학교에는 불행이란 훌륭한 스승이 있다.

그 스승 때문에 우리는 더욱 단련되는 것이다.

|

프리체

"영어 잘하면 세계가 가까워진다!"

더 넓은 세상으로 가기 위해서는 영어가 필수적인 관문이었다. 나는 이것을 온몸으로 깊게 체험했다. 영어로 외국인 친구를 만날 수 있고 함께 봉사도 하고 있다. 영어가 필요한 곳에서 일도 할 수 있다. 영어와의 역동적인 관계는 미국에서 돌아온 후에도 계속되었다. 없어지기는커녕 끊임없이 도전을 받아들이게 하는 강력한 원동력으로 발전했다.

단어를 넘어서 배우기: 영어 교실에서 세계를 만나다

나는 영어가 문화적 배경이 다른 사람들을 하나로 묶을 수 있다는 것을 미국 어학연수 중 알게 되었다. '내가 이렇게 다양한 국적을 가진 사람을 본 적이 있나?' 일본, 중국, 타이완, 아랍에미리트, 카타르, 사우디아라비아, 칠레, 멕시코, 페루, 스위스 학생들로 채워졌다. 우리 교실을 나는 세계의 축소판이라고 생각했다.

다양한 문화와 외모를 가진 우리는 영어 마스터라는 공통의 목표로 한 교실에 모였다. 우리는 이 새로운 언어의 복잡성과 씨름하고 있었다. 서로 머뭇거리며 제한된 단어로 겨우 소통했다. 발음이 제대로 되지 않는 단어를 서로 알아듣지 못할 때면 서로 킬킬 웃기도 했다. 그러나 절망적이지는 않았다. 각자 고유한 강점이 한 가지씩은 있다는 것을 알았다. 누구는 말하기에 탁월했고 누구는 듣기에 뛰어났다. 또 누구는 쓰기에 강점을 가졌고 문법과 읽기에 강한 사람도 있었다.

우리가 서로 영어로 소통하는 것이 어려운 이유는 영어 어휘가 부족해서만은 아니었다. 각자 모국어의 영향에서 아직 벗어나지 못한 탓이 더 컸다. 하지만 시간이 지나고 서로에게 익숙해지면서 영어 단어 발음도 찰떡같이 알아들었다. 처음에는 우리가 불완전하게 발음한 영어 단어를 강사가 어떻게 알아듣는지 정말 놀라웠다. 나중에 아이들을 가르치다 보니 수년간의 경험을 하면 다 알아들을 수 있다는 것을 알게 되었다.

시간이 지나면서 서로 다른 배경과 문화는 점차 익숙해져 갔다. 교실 내에서 작은 세계를 만들었다. 가까워질수록 나라마다 점점 차이점을 이해하게 되었다. 그리고 우리는 서로를 존중했다. 이 여정은 언어가 의사소통의 중요한 요소이지만 다른 사람을 진정으로 이해하는 데 더 많은 다른 요소가 작용한다는 것을 가르쳐 주었다. 나는 단지 언어를 배우는 것이 아니라 세상에 대한 통찰력을 얻고 있었다.

예상치 못한 도전에 대처하기: 영어는 어려움을 해결하는 열쇠이다

20세기 미국의 경제적 패권 덕분에 영어는 세계 공통어(lingua franca) 로 깊숙이 자리 잡았다. 1988년 서울 올림픽은 한국에 영어 공부의 바람을 일으키고 있었다. 영어 능력이 전 세계적으로 기회의 문을 여는 열쇠임을 알게 된 것이다. 영어가 중요하다는 것은 해외여행을 할 때 확실히 드러난다. 낯선 지역에서 예상치 못한 어려움을 당하면 더 두드러진다.

2018년에 조카 세 명과 싱가포르로 배낭여행을 떠났다. 일주일간의 배낭여행을 마치고 한국으로 돌아가기 전 공항에서 여유롭게 저녁 식사를 즐겼다. 우리가 식탁을 정리하고 있을 때 조카가 깜짝 놀라 소리쳤다. "고모, 휴대폰을 못 찾겠어요!" 조카의 가방을 여기저기 뒤져도 휴대폰은 어디에도 없었다. 조카를 안심시키고 우리가 지나왔던 곳을 하나씩 생각하기 시작했다. 그 순간 조카는 입국심사 전 정신없이 짐을 싸면서 공항 라운지 테이블 위에 휴대폰을 두고 온 것을 기억해 냈다.

나는 바로 출입국 관리 직원을 찾아 휴대폰을 분실했다고 말했다. 공항 직원은 출입국 관리 구역을 한번 통과하면 적절한 절차 없이 다시 들어가는 것은 허용되지 않는다고 했다. 그는 자신들이 직접 찾아보겠다고 했다. 얼마 후 그들은 내가 설명한 곳에서 휴대폰을 찾았다. 그들은 혹시 모를 상황을 대비해 휴대폰을 열어 검사를 했다. 나는 그들이 제시한 복잡한 서류를 작성했다. 신분증을 보여준 후 휴대폰을 돌려받을 수 있었다. 어떻게 될지 모르는 상황에서 해결이 잘 된 것은 영어를 할 수 있었기 때문이었다. 잃어버린 휴대폰 때문에 놀라고 당황하던 조카의 모습이 지금도 생생하다.

교육 기회의 잠금 해제: 영어는 글로벌 교육으로 가는 시작이다.

영어는 풍부한 교육 기회의 문을 열어준다. 이것은 내가 영어 공부를 하며 절실하게 느꼈다. 영어가 가능하면 방대한 범위의 영어 자료를 통해 혼자서도 공부를 할 수 있다. 자료를 찾을 때 한국뿐만 아니라 해외 사이트도 자연스럽게 넘나들며 볼 수 있기 때문이다. 전 세계 유명 대학이나 기관의 다양한 프로그램과 교육 과정에 대한 문도 열 수 있다.

최근에 나는 저명한 언어 교육자인 스티븐 크라센 박사(Dr. Stephen Krashen)의 온라인 세미나에 초대받았다. 언어 연구 분야에서 그의 명

성은 모르는 사람이 없을 정도로 대단하다. 그의 다양한 강의는 인터넷에서 쉽게 찾아볼 수 있어서 항상 공감하고 감동하며 봤다. 그런 그의 강의를 실시간으로 들으며 소통한다는 것은 특별한 경험이었다. 더구나 통찰력 있고 적극적인 토론에 참여할 수 있다는 것은 행운 그 자체였다. 다른 온라인 참가자의 의견을 들으면서 영어 교육 관련 주제에 대한 이해를 넓히는 지적 모험이 되었다.

지난 수십 년 동안 영어는 내가 기대했던 것보다 더 풍부한 경험과 교육 기회를 열어 주었다. 게다가 영어는 세상과 더 가깝게 연결하는 중요한 역할을 하였다.

세계로 가는 다리

2018년은 평창 동계올림픽이 열리는 해였다. 그때 나는 서울에 거주하는 외국인 및 현지 한국 여성들이 모여 설립한 서울국제여성협회(SIWA) 회원이었다. 올림픽을 1년 앞둔 2017년 평창 동계올림픽 조직위원회는 대회 자원봉사자를 모집하기 시작했었다. 전 세계적으로 자원봉사 신청자 수가 급증하고 있다고 했다. 평창 동계올림픽 조직위원회는 SIWA 단체에 봉사자모집 인터뷰 지원을 요청했다. 나는 봉사할 좋은 기회라고 생각하고 참여했다.

내 역할은 지원자를 대상으로 온라인 인터뷰를 하고 지원서를 기반으로 점수를 주는 것이었다. 인터뷰는 100% 영어로 진행되었으며 다양한 질문으로 봉사자를 선발하였다. 일생에 한 번뿐인 이 행사에 참여하기를 간절히 바라는 각계각층 사람들의 열정은 정말 놀라웠다.

인터뷰한 사람 중 특별했던 두 사람과의 만남이 여전히 내 기억에 남아 있다. 첫 번째는 평창올림픽 자원봉사를 위해 직장을 거의 두 달간 쉰다는 캐나다 여성과의 만남이었다. 그녀는 올림픽뿐만 아니라 전 세계적인 축제에 참여하기를 간절히 바라고 있었다. 유창한 외국어 실력과 남다른 열정을 가진 그녀는 당연히 자원봉사자로서 훌륭한 후보였다. 두 번째는 한국에서 공부한 경험이 있던 젊은 인도네시아 여성과의 만남이었다. 그녀의 한국어 실력은 너무 뛰어나서 처음에는 한국 사람으로 착각했다. 그녀는 새로운 사람들을 만나고 글로벌 축제에 참여하는 것을 귀중한 경험으로 생각하고 있었다. 한국으로 와 올림픽에 봉사하고 싶다는 소망을 당차게 밝혔다. 그녀의 한국에 대한 친숙함과 열린 마음은 외국인 방문객을 효과적으로 도울 수 있겠다는 확신을 주었다. 나는 두 참가자 모두 평창 올림픽 자원봉사자로 선발되었다고 확신한다. 올림픽 자원봉사자 선발 과정에 참여하면서 언어 능력의 힘에 대한 내 믿음은 다시 한번 확인할 수 있었다.

영어 능력은 지속적인 학업의 기회도 얻게 해주고 세계와 만나게도 해준다. 자신감도 심어준다. 영어가 세상으로 나가는 다리 역할을 해주는 것이라면 그 다리를 건널 수 있는 준비가 되어야 한다. 그것이 글로벌 시민으로서 자격을 점점 갖춰가며 자기 삶도 성장시키는 여정이기 때문이다.

3

날마다 성공하는 영어 공부의 코칭

"교육은 세상을 바꿀 수 있는

가장 강력한 무기이다."

넬슨 만델라(Nelson Mandela)

영어를 배우는 것은 시간과 노력이 모두 필요한 여정이다. 처음에는 어려워 보이지만 꾸준히 연습하면 언어 장벽을 효과적으로 극복하고 세상에 더 가깝게 다가설 수 있다.

그러면 영어 학습을 위해 어떤 교육이 필요할까? 가장 중요한 것은 학생들의 필요에 맞춘 맞춤형 수업이다. 이것은 내 교육 철학의 기초이며 교육 환경이 변해도 여전히 동일하다. 나는 학생마다 영어 학습에 관심을 가지도록 호기심을 자극한다. 포기하지 않는 마음을 갖도록 격려한다. 듣고, 말하고, 읽고, 쓰기는 독립적인 영역이 아니라 서로 연결되어 있다는 것을 염두에 두고 가르친다. 마지막으로 이 모든 것을 활용할 기회의 장소를 학생들에게 만들어 준다.

파닉스의 어려움을 넘기 위해서

파닉스 교육은 근본적으로 개별 소리, 즉 음소를 구별하는 동시에 체계적인 방법과 충분한 연습 기회를 제공하는 것이다. 파닉스를 가르치는 방법에는 여러 가지가 있지만 각 학습자의 특성에 맞춰졌을 때 가장 효과적이다.

다음은 파닉스를 위해 활용할 수 있는 교육 방법이다.

● **알파벳 이름과 알파벳의 소리를 인식할 수 있도록 가르치기**

: 놀이. 그림. 동화책, 교재 및 연습문제집 등 다양한 자료를 사용함으로써 지루함을 줄일 수 있다.

● **b/d, v/w, p/q와 같은 어려운 문자를 식별과 연습하기**

: 많은 학습자가 식별하는 데 어려움을 겪고 있는 문자이다.

● **단모음 · 장모음 · 이중모음과 사이트 워드 가르치기**

: 사이트 워드(sight words; 영어에서 파닉스 규칙과 상관없이 자주 나오는 글자)는 영어에서 자주 사용된다. 또한 이제 막 글자를 인식하기 시작한 학생은 책 속에서 친숙한 글자를 발견할 때마다 자신감을 얻기 때문에 강조한다.

● **다양한 활동으로 수업을 연계하기**

: 자신의 이름 쓰기, 노래 부르기, 동화책 읽기와 같은 다양한 글자 게임, 빙고 등 활동을 한다.

● **자기 주도 학습을 위한 과제 내 주기**

: 집에서 영어를 연습할 기회를 제공하고 스스로 하는 습관을 들이기 위해서이다.

파닉스를 가르치면서 어떤 글자를 먼저 가르쳐야 하느냐에 대해서는 많은 의견이 있다. 그러나 결정적인 규칙은 없다고 생각한다. 그 규칙들이 모두에게 적용되지 않을 수도 있다. 아이의 특성을 파악하는 것이 더 중요하다. 그래야 아이들이 자신의 속도로 학습할 수 있고 그 과정에서 즐거움을 찾도록 이끌 수 있다.

● **고학년도 파닉스 짚어주기**

: 파닉스 교육의 기회를 놓친 고학년 학생들이 예상 외로 많다. 그리고 그들은 영어에 자신감이 떨어져 있다. 우리가 영어를 배우는 최종 목표는 영어를 학문적 과목으로만 공부하는 것이 아니다. 언어로서 평생 관계를 유지하는 것이기에 고학년일지라도 파닉스는 짚고 넘어가는 게 좋다.

읽기의 어려움을 넘기 위해서:

효과적으로 읽기를 가르치는 것은 일관된 연습과 다양한 책에 대한 노출이 필요하다. 그리고 학생의 독해력을 향상할 수 있도록 지속해서 어휘를 확장할 수 있도록 이끌어 줘야 한다.

다음은 읽기를 위해 활용할 수 있는 교육 방법이다.

● 사이트 워드와 어휘에 지속적으로 노출시키기

 : 어휘는 읽기 이해력을 높이는 데 중추적인 역할을 한다. 더욱이 한국어 어휘 실력은 영어 읽기 이해력에 더욱 중요하다. 그러므로 한국어 독서도 꾸준히 해야 한다.

● 스토리 북을 레벨별로 다양하게 제공하기

 : 스토리 북을 레벨에 맞게 읽고, 듣고, 따라 읽기를 지속적으로 해야 한다. 아이들이 자신이 원하는 책을 스스로 선택해서 읽는 것은 읽기를 즐기게 할 수 있다. 어린아이들은 다양한 목소리로 읽는다면 훨씬 재미있게 읽을 수 있다.

● 읽기 내용에 관한 질문과 쓰기 활동으로 연결하기

 : 책을 읽고, 쓰고, 나눔으로써 자기 생각을 정리할 수 있다. 그 과정을 통해서 자기 생각이 다른 사람들의 생각과 다를 수 있다는 것을 배울 수 있다.

● 초등학생을 위한 픽션과 논픽션 읽기를 번갈아 읽는 기회를 제공하기

● 중·고등학생은 시사, 문화, 역사 및 철학 등으로 주제를 제공하고 토론하기

 : 다양한 주제를 제공함으로써 우리가 자주 접하지 못하는 다른 세계를 경험할 수 있다.

- **디지털을 이용한 읽기와 읽은 후 프로그램 제공하기**

: 다양한 디지털 기술이 자기 주도 학습이 가능하게 한다. 교사가 학생들의 진도를 확인할 수도 있다. 디지털 읽기 프로그램에 맞는 워크시트도 제공한다. 책 요약에서 단어, 인물 분석, 독서록에 이르기까지 다양하다. 이러한 도구는 학생들이 읽은 책을 정리하고 이해하는 데 도움이 된다.

영어 학습은 시간과의 싸움이다. 학생들은 스스로 디지털 책을 통해 듣기와 쉐도우 리딩 학습을 한다. 한 번 하는 데 15분에서 20분 걸린다. 이런 짧은 시간이 모여 자기 주도 학습 습관이 된다. 교사인 나의 역할은 끝임 없는 동기부여이다. 시간이 지남에 따라 개인적인 자신감으로 발전한다는 것을 나는 끊임없이 지켜봐왔다.

듣기의 어려움을 넘기 위해서:

영어 듣기 능력 또한 다른 영역과 연계를 통해 지속적으로 연습해야 한다.

다음은 듣기를 위해 활용할 수 있는 교육 방법이다.

● **레벨에 맞는 다양한 상황의 대화를 하는 책 선택하기**

: 학습자의 수준에 따라 점점 복잡해지는 단어, 문장 패턴을 접하게 된다. 현실적이고 상황에 맞는 대화를 학습하는 데 도움이 된다. 목표는 간단한 대화부터 학교 강의실 수업이 가능하도록 연결하는 것이다.

● **연습 문제집을 통해 듣기 테스트하기**

: 들은 내용을 연습 문제집을 통해서 복습하게 된다.

● **대화 텍스트의 내용이 확인되면 짧은 대화를 암기하기**

: 암기하는 것을 학생들은 좋아하지 않는다. 하지만 암기를 통해 소리 내어 읽고, 자신의 소리를 듣는다. 정확한 발음을 연습하고, 상황에 맞는 문맥을 반복을 통해서 이해할 수 있다. 반복적인 읽기와 암기 과정은 학생의 발음과 문장 강세를 크게 향상 시킨다.

● **암기 내용을 질문으로 확인하기**

: 학생의 억양과 태도에 대해 피드백 해 준다. 이 과정을 반복하면 아이들의 듣기 능력뿐만 아니라 단어를 자신 있게 말하게 된다. 단어의 뜻을 몰라서 말하지 못하는 것이 아니다. 그 단어를 말로 사용해 본 적이 없어서 주저하는 것이다.

디지털 기술은 읽기, 듣기, 말하기, 쓰기로 연결할 수 있다. 영어 환경에 학생들을 노출시키는 데 도움이 된다. 현재 디지털 영어프로그램은 여러 플랫폼(휴대폰, 태블릿, 컴퓨터)으로 제공되어 어디에서나 이용할 수 있다.

영어 의사소통에서 듣기 역할을 과소평가하면 안 된다. 자기 생각을 표현하려면 먼저 잘 들을 수 있어야 한다.

쓰기의 어려움을 넘기 위해서

글을 쓰는 이유는 의사소통을 정확히 하기 위해서이다. 말을 잘하는 것과 글을 잘 쓰는 것은 다르다. 영어도 마찬가지이다. 영어로 글을 쓰는 것은 읽기를 시작하는 것과 함께 습관으로 기르는 것이 중요하다. 그러나 과정은 쉽지 않다.

다음은 쓰기를 위해 활용할 수 있는 교육 방법이다.

● **영어 학습 초기 단계라면 파닉스 후 그림 그리기로 시작하기**
: 글을 쓰기가 어렵다면, 그림으로 시작하는 것이 좋다. 졸라맨을 그렸

을지라도 그들의 생각을 물어보는 것이다. 그 그림을 말로 표현하도록 한다. 핵심 단어를 알려 주는 것부터 시작 한다.단어와 단어의 연결과정이 익숙해지면 점점 문장이 만들어진다.

● 어휘와 문법 실력을 늘리기

: 글을 쓰는 것은 긴 시간을 요구하는 과정이다. 어휘가 풍부해지는 과정에 독서는 필수다. 문법은 올바른 문장을 만들기 위한 과정이다. 풍부한 어휘를 이용해 올바른 문법으로 문장을 만드는 것이 영어의 과정이라고 볼 수 있다.

● 다양한 질문으로 일상생활을 다양하게 표현하는 연습하기

: 많은 학생이 자신들의 생활은 공부에만 맞춰져 있다고 생각한다. 그래서 "매주 즐거웠던 일에 관해 쓰세요."라고 하면 "한 일이 별로 없어요. 늦게 일어나고, 밥 먹고, TV 보고, 게임하고, 학원에 가고, 숙제하고 그게 다예요."라고 한다. 그럴 때는 그런 생활에서도 많은 것을 표현할 수 있다는 것을 상기시켜 주어야 한다. 왜 늦게 일어났는지, 어제와 다른 반찬은 무엇이었는지, 누구와 식사했는지 물어 볼 수 있다. TV 프로그램에 누가 출연했는지, 온라인 게임에서 점수를 많이 냈는지, 점수가 올랐는지 등 매번 다른 상황이라는 것을 깨닫도록 한다. 다양한 감정표현을 위해서 적절한 질문을 유도한다. 과제가 어려웠는지 쉬웠는지, 무엇 때문에 화가 났는지 행복했는지, 왜 실망했는지 슬펐는지 등. 학생들이 초보

자일 때는 구체적인 지침이 필요하다.

처음부터 창의적으로 글을 쓰기는 어렵다. 나는 학생들이 영어로 표현하기 어렵다고 하면 한글로 써오라고 한다. 학생들이 쓴 한글로 된 글은 독특하고 잘 짜인 이야기도 있어서 재미있게 읽기도 한다. 한글로 된 글을 보면 학생들이 어떤 내용을 쓰려고 하는지 알 수 있다. 영어로 글을 전부 표현할 수 있다면 더할 나위 없이 좋다. 그러나 그것이 학생들에게 스트레스의 요인이 된다면 한번 돌아서 가도 된다고 생각한다.

글쓰기의 첫걸음은 머릿속에 맴도는 생각을 매일 한 단어로 시작하는 것이다. 그리고 그 단어를 문장으로 연결하는 것이다. 단어는 문장 속에서 꽃을 피울 수가 있다. 그리고 자기 생각을 첨가하는 것이다. 한 단어가 한 줄, 두 줄, 세 줄로 이어지는 것은 시간문제이다. 천 리 길도 한 걸음부터 시작되었다.

말하기의 어려움을 넘기 위해서

말하기 능력은 원어민이 어떻게 말하는지 능동적으로 듣고 자연스럽게 영어를 구사하는 방법을 학습하면서 키워진다.

다음은 말하기를 위해 활용할 수 있는 교육 방법이다.

● 말하기 능력을 위한 다양한 매체 이용하기

: 음악, 영화, TV, 팟캐스트, 영어로 된 책과 기사, 신문 등을 활용해서 듣기 이해력과 어휘력을 향상할 수 있다. 신문을 활용해서 듣기 이해력과 어휘력을 향상할 수 있다. 이러한 활동은 말하기의 유창성 향상에 도움이 된다.

● 세계 각지의 문화와 관련된 활동하기

: 세계 각지의 문화와 관련된 활동은 학생들이 영어를 지속해 배우는 원동력이 된다. 세계를 교실 안으로 끌어들여 신기한 문화와 접하게 해줄 수 있다. 학생들은 호기심을 가지고 적극적으로 참여하게 된다. 세계의 각 나라의 다양한 축제가 많다. 세인트 패트릭스 데이, 부활절, 추수감사절, 핼러윈, 크리스마스, 신년 등은 대표적인 날이다. 나는 학생들이 보드게임을 하거나, 부활절 달걀을 만들거나, 다양한 문화를 경험하게 한다. 학생들은 교실 안에서 세상을 만나고 그들만의 스토리를 만들어 가는 것이다.

● **언어 커뮤니티에 참여하기**

: 언어 파트너인 다른 사람들과 영어로 대화할 기회를 얻는 것은 말하기 능력을 높이기에 좋은 방법이다. 요즘은 웹사이트나 지역 사회에서도 다양한 언어 동아리들의 모임이 있다.

● **교실을 넘어서: 몰입형 경험을 통한 영어 교육을 할 방법**

나는 영어 캠프 인솔과 기업체 영어 캠프를 관리한 경험이 있다. 그 경험을 바탕으로 2008년에 캐나다로 4명의 학생과 함께 6주간 영어 캠프를 갔다. 학생들의 영어에 대한 고정 관념을 바꿔주고 싶었다. 영어는 공부 과목이 아니라 세상 사람들과 의사소통하는 것이라는 것을 보여주고 싶었다. 학생들은 캐나다의 온타리오주에 위치한 SEE(Superior English Experience) 여름 캠프에 참가했고 나는 교사로 참여했다. 이곳에는 말타기, 골프, 스쿠버 다이빙, 보트 운전, 리더십 강연, 연극 등의 다양한 프로그램이 있었다. 또 야구장, 딸기 농장, 캐나다 랜드 마크, 자연 관광, 광산, 역사 박물관, 과학 박물관을 방문했다. 마지막 주에는 나이아가라 폭포까지 대형 버스로 여행하면서 다양한 체험을 했다. 캠프를 통해 학생들은 다른 언어권의 친구들과 이야기하고, 문화 교류를 했다. 그 과정에서 학생들은 영어 실력뿐만 아니라 자신에 대한 자신감도 얻게 되었다. 그때 캠프에 참가했던 친구들은 영어를 포기한 적이 없다. 어엿한 청년이 된 친구는 가끔 캐나다 캠프 꿈을 꾼다고 했다. 그때의 경험이 터닝 포인트였다고 생각한다.

모든 학생이 외국에 나가서 영어를 배우고 세계 문화를 경험할 기회를 가질 수는 없다. 그래서 한국에 돌아온 후, 나의 경험을 바탕으로 학생들이 한국에서 살고 있는 외국인 가정과 만나는 프로그램을 기획했다. 코로나 전까지 나와 친분이 있는 외국인 친구들은 기꺼이 나의 교육적 의도를 알고 흔쾌히 수락해 주었다. 운이 좋게 나의 학생들은 오랜 비행기를 타지 않고도 외국 집을 방문할 수 있는 기회를 얻게 된 것이었다. 우리는 그리스, 독일, 미국, 칠레, 프랑스, 호주 총 6가정을 방문할 수 있었다.

외국인 가정은 자신들의 문화를 다양하게 준비했다. 한국 학생들에게 자신의 나라를 소개함으로써 어색했던 외국인 가정이 좀 더 가깝게 느껴졌다. 학생들은 여러 나라의 가정에서 그들의 가족을 만나고 음식도 먹고, 게임도 했다. 그 나라 문화 대해 이야기도 나눴다. 이러한 새로운 경험은 학생들에게 다른 문화에 대한 호기심을 높인다. 현재에 한국의 국제적인 위상이 지속적으로 높아지고 있다. 더불어 한국에 거주하는 다양한 배경의 외국인들의 수도 늘어나고 있다. 앞으로 한국에 거주하는 외국인 가정과 교류할 수 있는 기회가 더 많아질 것이라고 믿는다.

영어를 배우는 모든 경로는 시간과 인내가 필요하다. 그 과정은 나에게도 시간과 노력이 필요로 한다. 그러나 시간이 지나고 다양한 기술 발전이 있더라도 변하지 않는 기본 교육 철학은 학생 개인의 필요에 따라서 하는 맞춤 수업이다. 학생들이 영어에 더 관심을 가지고 자신감이 생기는 것을 보면 보람을 느낀다. 그리고 그들의 모습에서 나도 동기 부여를 받는다.

4

영어의 날개로 세계를 넘나드는 아이들

고개 숙이지 마십시오.

세상을 똑바로 정면으로 바라보십시오.

|

헬렌 켈러

성공적인 영어 학습은 교육의 질, 아동의 개인적 특성, 더 넓은 사회문화적 맥락과 같은 다양한 요소의 영향을 받는다. 지금까지 가르친 모든 학생들이 자신만의 강점을 가지고 있었다. 나도 그들의 강점을 최대한 고려해서 가르쳤다. 그림을 좋아하면 그림으로 시작하고, 노래를 좋아하면 영어 노래도 가르쳤다. 동화책을 좋아하면 동화책을 더 많이 읽었다. 게임을 좋아하면 보드게임도 같이 했다. 외국인과 함께하는 행사에 참여하는 것을 좋아하면 같이 참가했다. 세상에 대한 호기심이 많으면 해외여행을 같이 가기도 했다. 학생들에게 영어에 대한 동기 부여를 할 방법이 있다면 그 길을 택했다. 언어 학습은 힘들어도 놓지 않고, 조금 천천히 가더라도 포기하지 않는 끈기가 중요하다. 내가 가르친 학생들은 영어를 포기한 사람들보다 좀 더 끈기를 가졌을 뿐이지만 상상 이상의 놀라운 세상을 만나게 되었다.

상우의 영어 자신감 올리기: 유치원부터 글로벌 자신감으로

나는 상우가 겨우 6살이었을 때 처음 만났다. 그 당시 영어는 관심의 대상이었고 많은 아이가 영어 유치원에 다녔다. 상우가 1년 동안 영어 유치원에 다닌 후 상우 부모님은 상우가 초등학교에 진학하기 전에 일반 유치원에서 사회성을 많이 배우기를 원했다. 그래서 상우는 나와 함께 영어 여행을 시작하게 되었다.

상우는 영어 유치원에서 글보다는 말하기 놀이로 영어를 시작했다. 자연스레 영어에 대한 호기심도 있었고 파닉스, 스토리 북, 영어 노래에 익숙했었다. 상우는 뭘 하든 마구 욕심내서 하는 아이는 아니었지만, 꾸준히 따라오는 친구였다. 물론 상우도 정체기가 있었다. 부모님의 격려와 영어를 말하고 싶은 목표가 있어서 지속해서 영어 공부를 했다. 상우의 성장과 함께 영어 실력도 함께 성장했다. 그 과정에서 상우는 자신이 영어를 잘한다는 자신감이 필요한 시기가 왔다. 이를 위해 다른 친구들보다 조금 일찍 영어 원어민과의 직접적인 대화나 화상 통화를 연결해 주기도 했다.

상우가 중학교 때 부모님과 상우와 상의해서 영어 원어민과 동행하는 2주간의 캐나다 여행을 주선했다. 이 여행은 상우가 영어를 배우면서 집과 가족을 떠나보는 첫 번째 여행이었다. 친근한 사람에 의지한 여행이었지만, 이 경험은 상우가 더 넓은 세상으로 나아가는 첫걸음이 되었다. 캐나다 여행으로 상우의 자신감은 올라갔고 영어에 관한 관심을 더욱 높이는 계기가 되었다.

상우는 대학에 입학해서도 영어에 대한 자신감을 가지고 있다. 한번은 아버지와 함께 미국 여행을 다녀왔다는 소식도 전해주었다. 이제 상우는 자신의 미래를 설계하고, 자신이 있는 곳에서 열심히 일하고 있다. 다양한 요인이 그를 자신감 있는 청년으로 성장시키고 있지만 그의 영어가 그의 성취에 중요한 역할을 한다는 것은 분명하다.

진욱이와 가족의 진심: 열정에서 글로벌 회사원으로

내가 진욱이를 처음 만난 건 진욱이가 초등학교 3학년 때였다. 당시 진욱 어머님은 진욱이가 영어에 흥미가 많이 떨어져서 영어 환경을 바꿔주고 싶어 하셨다. 그런데 자신이 도움을 주는 데는 한계가 있다고 하셨다. 내가 만나본 진욱이는 독립적인 아이였다. 그에게 필요한 것은 영어를 배우는 동기와 자신감이었다.

진욱이와 오랜 시간 함께할 수 있었던 가장 큰 이유는 첫 대화에서 진욱 어머님의 진심 어린 부탁이었다. 그녀는 "워킹 맘이라 진욱이 공부에 많은 시간을 할애할 수가 없어요. 영어를 가르치는 것도 중요하지만 인생을 살아가는 이야기도 들려주세요. 그리고 진욱이가 진정으로 하고 싶은 일을 찾을 수 있도록 계속 격려해 줬으면 좋겠어요. 영어를 가르칠 수 있는 분들이 많지만, 우리 아이의 장단점을 봐주세요. 그리고 선생님이 보셨던 세상 이야기도 들려주세요. 더 넓은 세상을 보는 삶의 교훈도 나눠 주세요." 진욱이와 그의 어머니가 나를 믿어준 신뢰를 깨지 않기 위해 나는 최선을 다했다. 진욱이는 글로벌한 변화, 진욱이의 관심사, 나의 개인적인 경험 등 다양한 주제로 이야기를 나누는 것을 좋아했다.

진욱이는 자신이 원하는 것에는 좀 더 진지하게 참여했다. 초등학교 때는 포켓몬(Pokémon)을 열정적으로 수집했다. 자신이 원하는 영화를 보기 위해 멀리 있는 4D 영화관을 찾아가는 모습도 보였다. 중학교 때는 고장 난 휴대폰이나 컴퓨터를 뜯어보며 스스로 기계의 내부를 공부하기도 했다. 진욱이가 고등학생이 되었을 때 나는 컴퓨터에 관해서는 그에게 조언을 구하기도 했었다. 그는 중학교와 고등학교를 거치면서 자신의 목표를 차근차근 준비했다. 그는 무엇을 준비해야 하는지 스스로 결정했다.

현재 진욱이는 일본에서 대학을 졸업하고 컴퓨터 관련 회사에서 일하고 있다. 그는 영어권 국가에서 공부하기 위해 영어 공부도 계속하고 있다. 진욱이가 한국에 올 때마다 우리는 만나서 세계에서 일어나는 일이

나 자신의 관련 분야와 미래에 대한 이야기를 나눈다. 진욱이가 단순한 영어 공부를 넘어 세계를 향해 자신의 삶을 스스로 펼쳐나가고 있다. 나는 그 모습이 참으로 아름답다고 생각한다.

예인의 교육과 실제 경험의 시너지:
교실 게임에서 글로벌 시민으로

예인이는 6살 때 나와 인연이 닿았다. 예인이는 재미있는 놀이와 노래, 게임으로 영어를 시작했다. 예인이는 게임을 하는 시간에는 다른 사람한테 지는 것을 싫어해서 고집쟁이 모습을 보이기도 했다.

영어를 어렸을 때 시작한 대부분의 친구처럼 예인이도 영어를 안 배우겠다고 고집을 부릴 때가 있었다. 그럴 때는 열심히 하면 게임 시간을 조금 늘려 주겠다는 약속을 받고서야 수업에 집중하기도 했다. 예인이가 초등 2학년 때 영어에 대한 자신감을 가질 수 있도록 기회를 만들어 주고 싶었다. 나는 예인이 부모님과 상의해서 캐나다로 6주간 영어 캠프에 다른 3명의 학생들과 가기로 했다. 캐나다 캠프는 교실 안에서 하는 영어보다는 활동을 중심으로 운영되었다. 분명히 예인이가 좋아할 것이라는 믿음이 있었다. 예상한 대로 예인이는 다른 나라 아이들과 게임을 하고, 영어 수업에도 참석했다. 다른 나라 친구들과 식사하고, 영화도 보고, 여러 가지 활동에 적극적으로 참여했다. 예인이는 새로운 장소, 문화에 누구보다도 잘 적응했다.

캐나다 캠프 마지막 주에는 버스 로드 여행을 하는 프로그램이었다. 다른 나라 친구들과 오타와에 있는 국회의사당을 둘러보게 되었다. 한 캐나다 선생님께서 그 장소에 관해 설명하셨다. 나는 간단하게 한국말로 예인 이한테 통역해 주었다. 그때 예인이는 "선생님, 저도 저분이 설명하는 것 알아들었어요.", "그래? 내가 더 이상 한국말로 설명해 주지 않아도 되겠네." 나는 그 이후로 더 이상 통역하지 않았다. 그동안 배운 것들이 자극되어 예인이가 가진 것들이 시너지 효과를 내기 시작했다. 자신이 원하는 것을 자신감 있게 영어로 표현하기도 했다. 6주라는 시간이 긴 것은 아니지만 그동안 한국에서 배웠던 것을 그녀의 또 다른 경험과 더불어 넘쳐흐르기 시작했던 것 같다.

그 후로 예인이는 영어에서 새로운 단계를 넘을 때마다 어려움을 느끼기는 했지만, 그 과정이 자기에게 필요하다는 것을 잘 알고 있었다. 지금 예인이는 봉사활동도 열심히 한다. 세계 여러 나라 친구도 사귀고, 아르바이트도 하면서 자신의 미래를 계획하는 청년으로 성장했다. 그녀가 자신의 미래를 능동적으로 선택하고 영어를 놓지 않았던 것은 자기 경험이 끌어낸 결과라고 본다.

영어를 지속하게 하는 마음:
영어 학습의 힘은 인내와 회복력으로

나는 오랫동안 학생들을 가르쳤지만, 모든 학생이 영어를 배우는 데 성공한 것은 아니다. 영어를 포기하는 학생들도 많이 보았다. 언어 학습으로 인한 스트레스로 원형 탈모증이 생겨서 영어를 포기한 사례도 기억한다. 영어로 스트레스를 받기보다는 대신 나이에 맞는 한국 책을 더 많이 읽을 것을 권장한다. 모국어를 학습하는 것은 다른 언어를 배울 때 매우 중요하기 때문이다.

일부 학생들은 파닉스를 배우는 단계부터 어려움을 겪는다. 생소한 글자를 배우는 것부터 시작해서 익숙해질 때까지 기다림이 필요하다. 그런데 그 시간을 기다려 주지 못하신 부모님은 학습 과정이 느리다는 이유로 견디지 못해서 다른 곳으로 옮기기도 한다. 그러면 아이는 새로운 환경에 또 적응하고, 새로운 평가를 받아야 한다. 이전 학습의 반복을 견디며 또 다른 정체기를 맞이하게 된다. 아이의 언어 능력이 어느 정도 향상될 수 있을 때까지 인내가 필요하다.

한 대학교 영어과 교수님으로부터 영어 의사소통에 어려움을 겪는 친구들이 많다고 했다. 우리의 중. 고등학교 영어 수업은 여전히 시험 준비에 중점을 둔 수업이다. 말하기 능력이 떨어질 수밖에 없다. 결과적으로 반쪽의 영어 때문에 사회에서도 여전히 부담을 갖고 있다. 그러나 자신을 다시 시작 모드로 바꾸면 되는 것이다. 영어를 배우는 데 늦은 시간은 없다. 정체기를 잘 이겨내고 포기하지 않는 마음이면 된다.

5

오늘은 영어 공부하기 딱 좋은 날

마음만을 가지고 있어서는 안된다.

반드시 실천하여야 한다.

|

이소룡

나는 수년에 걸쳐 여행자에서 공부방 영어 교사가 되었다. 영어를 배우고 그 중요성을 깨닫는 여정은 짧지도 쉽지도 않았다. 나는 안정된 직장에서 이미 어느 정도 자리를 잡고 있었다. 하지만 미래에 대한 호기심과 열망으로 새로운 여정을 시작했다. 영어를 배우면서 나는 새로운 문화와 사람들을 만나게 되었다. 영어를 통해 세상으로 나갔고, 그곳에서 세상을 이해하는 새로운 방법도 배웠다. 영어는 나에게 새로운 기회를 열어주었다. 그리고 나는 거기에 도전함으로써 성장할 수 있는 기회도 얻었다.

루트비히 비트겐슈타인(Ludwig Wittgenstein)은 "내 언어의 한계는 내 세계의 한계를 의미한다."라고 말했다. 더 많은 언어 도구를 소유할수록 더 넓은 세상과 소통할 수 있다는 말이기도 하다. 나는 영어를 가르치면서 교실 벽에 대형 세계지도를 붙이고 시작했다. 그 지도에 내가 방문했던 국가, 글로벌 행사로 학생들과 함께 체험한 국가들을 표시해 나갔다. 또한, 학생들과 방문했던 한국 거주 외국인 가정의 나라들도 함께 표시해 나갔다. 학생들은 지도를 보며 자신들이 경험했던 나라와 문화와 사람들에 대해 이야기를 한다. 다양한 경험을 나누며 그들의 삶을 만들어 가고 있다.

이 교실은 영어를 배우기 위한 작은 장소일 수도 있다. 이곳에서 내가 영어를 시작하며 경험했던 것들을 학생들이 경험하고 있는 것들을 공유하고 있다. 그리고 영어가 단순한 언어 능력이 아니라는 점을 강조한다. 매일의 노력은 더 큰 세상으로 가는 디딤돌이 된다는 것을 학생들이 깨닫기를 바란다.

단순한 언어 그 이상

"언어는 세상을 여는 열쇠이다."

영어가 현대 사회에서 중요한 역할을 한다는 것은 아무리 강조해도 지나치지 않다. 기술과 인터넷 덕분에 다양한 방법과 플랫폼으로 영어를 접할 기회가 폭발적으로 늘어나고 있다. 흔히 우리 시대의 '링구아 프랑카'라고 불리는 이 글로벌 언어는 한국에서도 여러 세대를 사로잡았다. 어린이, 청소년, 젊은 청년, 엄마표 영어를 꿈꾸는 분까지 모든 연령층이 다양한 이유로 영어를 배우고 싶어 한다. '나는 영어에 재능이 없으니까, 금전적인 여유가 없으니, 너라도 잘 배워서 나의 한을 풀어줘.'라는 이야기를 이제는 더 이상 할 수 없게 되었다. 언제 어디서든 영어를 배우는

데 필요한 자료들이 넘쳐나는 시대에 살고 있기 때문이다.

수업에서 학생들은 종종 영어나 다른 외국어에 능숙한 가족의 이야기를 한다.

"우리 아빠는 영어를 엄청나게 잘해요. 그래서 자주 외국으로 출장을 가세요."

"우리 이모는 영어를 아주 잘해서 외국계 회사에서 일해요."

이런 말들 속에는 자부심과 부러움이 섞여 있다. 가족 중에 영어를 잘하는 사람이 있다는 것은 그들에게 엄청난 자랑이자 원동력이다. 학생들이 영어의 중요성을 이해하기 시작하면 다양한 문화 활동과 영어로 진행되는 이벤트, 게임, 스토리 참여를 쉽게 끌어낼 수 있다. 이런 경험은 그들을 성장하게 하고 영어의 여정을 계속해 나갈 수 있게 만든다.

흥미롭게도 연세 드신 분들 사이에서도 영어에 대한 열정이 높아지고 있다. 팬데믹으로 해외여행이 중단된 시기에도 노인 세대는 팬데믹 이전과 마찬가지로 영어 학습에 계속 도전하고 있다. 최근 한 친구가 지역 커뮤니티 센터에서 많은 영어 수업이 진행되고 있다고 했다. 놀랍게도 이수업은 50대, 60대, 70대, 심지어 80대의 수강생들이 많다고 한다. 언뜻연세 드신 분들이 왜 영어를 배우려고 하는지 하며 의문을 가질 수도 있다. 그러나 노인 세대에게 영어 수업은 단순한 언어 학습 이상의 것을 제공한다. 영어는 노인 세대들에게 새로운 기회를 열어주는 것이다. 영어를 통해 새로운 문화를 경험하고, 새로운 친구를 사귀고, 새로운 직업을 얻을 수 있게 된다. 또한, 영어는 노인 세대들에게 새로운 삶의 활력을 불어넣는 것이다.

영어 공부하기 딱 좋은 날이다

학부모님과 상담하다 보면 "저도 영어 공부를 해야 하는데…"라는 대화로 끝나는 경우가 많다. 그러면 영어 공부는 언제 시작해야 하는 걸까요. 영어 공부하기에 딱 좋은 날이 있을까요. 맑고 화창한 날일까요. 아니면 새로운 것을 배우고 싶어 하는 날일까요. 영어를 사용할 기회가 많거나 해외여행을 가기로 한 날이 이상적인 시기일까요. 아니면 길거리에서 우연히 외국인이 영어로 길을 물어봤던 날 시작해야 할까요.

영어 공부를 시작하기에 가장 좋은 날은 바로 오늘이다.

The best day to start studying English is Today.

오늘 영어의 여정을 지금 시작하겠다는 적극적인 자세가 규칙과 습관을 만든다. 매일 많은 것을 할 필요가 없다. 계획을 세우고 오늘 영어를 조금 듣는 것으로 시작하면 된다. 자신의 속도에 맞춰 가면 되는 것이다. 아이들은 욕심내지 않는다. 느리지만 꾸준히 한다.

영어를 배우는 것은 단순히 언어를 마스터하는 것이 아니다. 영어를 통해서 세상으로 나가는 꿈을 꾸고 더 큰 세상을 만나고 자신을 발견하기 위해서이다. 이런 모습으로 성장하고 있는 학생을 보면 영어를 가르치는 나를 춤추게 한다.

학생들에게 영어를 가르치는 나에게는 꿈이 있다.

I have a dream to teach English to students.

"나에게 영어를 배운 학생들이 세계 어느 곳에서나 영어에 어려움 없이 자신 있게 살아가길 바란다."

"영어라는 여정을 시작한 어린이가 꾸준히 배워가길 바란다."

"개인적인 이유로 영어를 배우는 모든 연령층이 이 과정에서 또 다른 자신을 발견하길 바란다."

"그래서 오늘을 영어 공부하기에 딱 좋은 날로 정해서 시작하길 바란다."

"그리고 좌절에 직면하더라도 포기하지 않고 매일 다시 시작하기를 바란다."

영어 학습을 위한 유용한 사이트

~BBC Learning English(https://www.bbc.co.uk/learningenglish):

문법 수업, 단어 훈련, 영어 뉴스 등 제공

~British Council(https://learnenglish.britishcouncil.org/):

게임, 듣기 활동, 문법 연습을 포함하여 다양한 수준에 맞는 다양한 리소스 제공

~Coursera(https://www.coursera.org/):

영어 코스를 포함하여 전 세계 최고의 대학에서 제공하는 무료 온라인 코스 제공

~Grammarly(https://www.grammarly.com/):

기본적으로 문법 검사 도구이지만 문법 및 구두점 오류를 설명 등 제공

~FluentU(https://www.fluentu.com/):

영화 예고편, 뮤직 비디오, 영감을 주는 말 등을 포함하여 실내 영어 비디오 제공

~Learn American English Online(http://www.learnamericanenglishonline.com/):

주로 ESL 학생을 대상으로 하는 이 웹사이트는 7단계의 미국 영어 무료 교육 제공

~Ginger Software(https://www.gingersoftware.com/):

문법 검사, 맞춤법 검사 및 번역을 위한 올인원 플랫폼

영역별 유용한 사이트

- Phonics: https://www.msd.k12.ny.us

https://play.google.com/store/apps

https://apkfab.com/khan~academy~kids~free~educational~games~books

- Reading: https://www.teachingexpertise.com

https://home.oxfordowl.co.uk

https://justbooksreadaloud.com

- Listening: https://play.google.com/store/apps

https://soundcloud.com

https://www.cnn.com

- Speaking: Duolingo(https://www.duolingo.com/):

Rosetta Stone(https://www.rosettastone.com/):

- Writing: https://logowik.com

https://hemingwayapp.com

https://750words.com

- Debating: https://www.langoly.com

https://www.reddit.com

- Newspaper: https://scholasticnews.scholastic.com

https://www.commonsensemedia.org

https://kids.nationalgeographic.com

- GYF(Global Youth Fair): https://globalyouthfair.com

Chapter 5

문숙 이야기:

마침내 다시 봄!

벌써 50살이다.

여전히 나는 바쁘고 정신없는 하루하루를 보내고 있다. 문득 바쁜 삶 속 과연 나는 존재하는가 의문이 드는 순간이 있다. 잊힌 채 있던 어릴 적 내 꿈을 하나 하나 펼쳐보게 되었다.

안정적으로 하루하루를 살아내고 아이들을 잘 키우는 것이 내가 할 수 있는 전부라고 생각했다. 나도 모르는 사이 내 속에 아직 세상에 나오지도 못하고 갇혀 있던 꿈들이 마구마구 꿈틀거리고 있었다. 머뭇거리기엔 그 꿈들이 너무 소중하다.

우리 집 어디를 둘러봐도 화분이 하나도 없다. 우리 집에 들여오는 화초들은 오래 견디지 못하고 다 시들어버린다. 이제부터라도 집안에 봄을 채우려고 한다. 내 마음속에도 봄을 가득 채우고 싶다. 무언가 가슴 뛰는 일을 하고 싶다. 또다시 똑같은 일을 하게 될지도 모르지만….

그래도 다시 꿈을 꾼다. 정성스럽게 하루하루를 살아간다.

오십! 나의 봄은 다시 시작이다.

1

오십,
인생을 돌아보다

우리에겐 새로운 하루가 앞에 있습니다.

얼마나 다행인지요. 얼마나 고마운 일인지요.

우리는 다시 시작하기만 하면 됩니다.

|

문태준의 「새날 아침에」 중

오사카의 가장 뜨거운 여름날, 스물일곱의 나는 거기에 있었다.

무작정 회사를 그만두고 두 명의 친구와 공항에 섰다. 일본으로 떠날 것이었다. 뭔가 새로운 시작을 하고 싶었다. 여행이 최고라고 생각했다. 신나는 모험을 하고 나면 뭔가 다른 길을 찾을 수 있을 것 같았다.

일본에 도착한 우리 세 명은 숙소에 짐을 풀고 이곳저곳을 여행했다. 오사카에서 교토로, 교토에서 나라로…. 막 배우기 시작한 짧은 일본어로 버스도 타고 지하철도 탔다. 되지도 않은 영어로 점심을 사 먹고 아사히 맥주를 시켰다.

밤이 되면 우리는 각자의 고민 보따리를 풀어냈다.

한 친구는 이번 여행 후 큰 꿈을 향해 나아갈 자신에 대해 과연 도전할 수 있을지에 대한 걱정을 했고, 또 다른 친구는 오래 사귄 남자 친구와 헤어진 후 갈피를 잡지 못하겠다며 앞으로 어떻게 살아가야 할지를 고민했다.

난 서울로 돌아가서는 새로운 시작을 해야 하는 두려움에 대해 이야기했다.

막연한 미래에 대한 걱정과 두려움이 있었지만 그래도 그때는 젊음과 패기가 있었던 것 같다.

지금은 가지고 싶어도 가질 수 없는 인생의 가장 큰 무기!

20년이 지난 지금!

한 친구는 열심히 중국어를 공부해서 중국에 자리를 잡았고 또 한 친구는 새로운 사람을 만나 결혼해서 두 아이와 행복하게 사는 중이다.

나는 여행 후 바로 새로운 직장에 취업을 했고 거기서 남편을 만났고 지금까지 알콩달콩 살고 있다.

얼마 전에 동네 친구 한 명을 사귀게 되었는데 아들이 스물한 살이란다. 깜짝 놀라며 그렇게 큰 아들이 있느냐 되물으며 이런저런 이야기를 나누었다. 그런데 집에 돌아오는 길에 생각해보니 나에게도 스무 살 딸이 있는 것이 아닌가! 먹고사는 것에만 몰두한 채 세월이 어떻게 지나가는지도 모르는 내 모습이었다. '세상에, 우리 애 나이도 모르고 살다니…' 웃픈 현실이었다.

요즘 부쩍 내가 시들어가고 있다는 생각이 든다. 나이 50이 다 되어가지만 아직도 내가 바라고 원하는 게 무엇인지 모르겠다. 안정적으로 아이들을 키워내고 하루하루 잘 버티며 보내기만 하면 다행이라는 생각이었다. 새로운 것을 하는 것도 두렵고 그냥 현실에 안주해서 사는 게 편했다. 꿈이 생겨나기도 하지만 마음속에서 조용히 접어야 하고, 하고 싶은 일이 있어도 아이들에게 양보해야 한다. 친구들과의 약속도 쉽사리 잡지 못한다. 남편 일을 도와야 하고, 바깥일도 하면서 집안일에 아이들 케어까지…. 진짜 몸이 세 개라도 부족할 정도로 바쁘게 살아가고 있다.

바쁜 삶 속에 나는 과연 존재하는지 의문이 드는 순간, 나에게도 뭔가 새로운 변화가 필요하다는 것이 느껴졌다. 눈을 감고 조용히 어릴 때 꾸었던 꿈을 다시 한번 꺼내 보았다. 의외로 간단하고 소박한 꿈들이 많았다. 그런 작은 꿈들조차 외면한 채 너무 앞만 보고 살고 있다.

아직 못 한 것이 너무 많다. 그것부터 해야 하는 것 아닐까?

내가 좋아하는 일, 해보고 싶었던 일, 소심해서 시도해보지도 못했던 일 등, 잊혔던 내 꿈을 하나하나 내 인생에 채워 보고 싶다.

나이는 50을 바라보더라도 내 속에 아직 세상에 나오지도 못하고 갇혀 있는 젊음이, 패기가 남아 있지 않을까? 생각이 여기까지 미치자 웬걸, 다시 마음이 설렌다. 흥분되기 시작한다.

50, 나의 봄은 다시 시작이다.

2

어느 날 문득… 나를 발견하다

"나도 그런 거 만들어줘. 최강 동안 최수연 어때?

최고 미녀 최수연?"

"아니야. 넌 그런 거 아니야."

"그럼 난 뭔데?"

"너는 봄날의 햇살 같아. 나는 로스쿨 다닐 때부터 그렇게 생각했어.

…중략… 너는 밝고 따뜻하고 착하고 다정한 사람이야.

너는 봄날의 햇살 최수연이야!"

|

ENA <이상한 변호사 우영우>

ENA에서 방영했던 드라마 〈이상한 변호사 우영우〉에 나오는 우영우와 친구이자 동료 변호사 최수연의 대화이다. 우영우에게 최수연이 '봄날의 햇살' 같았듯 나에게도 언제나 나를 환하게 만드는 친구가 있다.

그날도 책상 위에 꽃다발이 놓여 있었다. 친구들은 부러운 눈으로 나를 주시하고 난 금세 또 주인공이 되어 있었다. 여고 시절 수경이는 나에게 아낌없이 주는 친구였다. 조용하고 내성적인 나에게 먼저 다가와서 특유의 밝고 활기찬 기운으로 나를 항상 웃게 해주었다. 입시 스트레스로 힘든 고3 시절도 수경이가 있어 항상 힘이 되었고 우린 서로 좋은 영향을 주고받으며 그렇게 자랐다.

대학에 입학했고 학교는 달라도 수경이의 서프라이즈는 간간이 진행되었다. 예고 없이 이것저것 사 들고 나를 보러왔기 때문에 과 선배들부터 친구들 모두 하나같이 수경이를 모르는 사람이 없었다. 날 사랑해주는 그런 친구가 있다는 사실에 어깨가 으쓱할 때가 한두 번이 아니었으니 그 시절 수경이 덕분에 나는 항상 행복했고 즐거웠다.

아빠 사업이 기울고 집안이 힘들어지면서 희망이 없고 우울하기만 한 그 시절에도 수경이는 내 옆에서 항상 위로와 응원을 아끼지 않았다. 유아교육을 전공한 수경이는 지방에 있는 조그만 전문대학 교수가 되었고 난 회계학을 전공하고 현재 도시락 싸는 아줌마가 되어 있다.

아빠 사업이 승승장구했다면 내 인생은 좀 달랐을까? 일하면서 힘들 때면 가끔 드는 생각이다. 회계학을 선택한 것도 사업을 같이 도울 사람이 필요하다는 아빠의 권유 때문이었는데 아빠를 돕기도 전에 사업이 도미노처럼 무너져버렸으니…. 내 인생에서 그때는 제일 컴컴한 터널을 지나는 시절이었다.

보기만 해도 간담 서늘한 빨간 딱지들, 문밖에서 들리는 빚쟁이들의 고함소리, 좌절감에 힘들어하는 부모님의 모습…. 날마다 너무 힘들었다. 탈출하고 싶었다. 취업과 학업으로 자취 중인 언니와 남동생이 있는 서울로 무작정 올라갔다. 좁고 어두운 아현동의 반지하방에서 나의 서울 생활은 시작되었다.

조그만 유아교육회사 회계팀에서 일하게 되었고 거기서 남편을 만나 결혼하고 행복하게 살고 있다. 권위 의식 강하고 무뚝뚝한 아빠를 보고 자란 나는 다정하고 가정적인 남자를 만나고 싶었고 남편은 딱 그런 사람이다. 덩치가 큰 남편 옆에서 한 번도 내가 작고 초라하다고 느낀 적이 없다. 처음부터 그랬다. 익숙해지기 전부터 그 사람 옆에 있으면 항상 편안함을 느꼈다. 남편은 여전히 나를 반짝반짝 빛나게 해준다.

살면서 대판 싸우고 너 죽고 나 죽자 할 때면 저 넓은 어깨로 날 안아주고 영원히 지켜줄 것만 같다는 환상에서 깨지곤 하지만 그래도 뭐 이만하면 됐다. 결혼한 지 어언 20여 년이 되었고 딸 하나와 아들 둘이 있다.

문득, 나의 지난 세월을 돌아보게 된다. 어려움이 있었고 힘든 현실을 버텨야 할 때도 있었다. 하지만 나에겐 나를 지켜주는 남편이 있고, '봄날의 햇살' 같은 친구도 있다. 그리고 딸 하나, 아들 둘이 있고 썩 잘사는 건 아니어도 평범함의 진리를 깨달으며 소소한 행복을 누리며 살고 있다.

내 인생, 결코 실패한 것은 아닌 것 같다는 안심이 생긴다. 소중한 사람들, 소중한 일상, 소중한 시간들이 여전히 나를 둘러싸며 보호하고 있다. 상처와 아픔도 돌아보면 나를 일으켜 세운 버팀목들인지도 모른다. 모든 것은 지나 봐야 참된 가치를 알게 되는가 보다. 모든 사건과 모든 상황들이 모여 내가 만들어졌다는 생각이 든다. 환경이 아니라 내가 흔들리지 않는 것이 중요한 것 같다. 나이가 좀 드니 행복이 가깝게 느껴진다.

잊고 지내던 수경이가 생각날 때가 있다. 멀리 떨어져 살아서일까? 불가사의하게도 나의 결혼식 이후 수경이를 한 번도 본 적이 없다. 가끔 전화 통화하는 게 전부였는데 그마저도 너무 오래되었다. 원하지 않은 결혼을 하고 힘들다는 푸념들…. 시댁과의 갈등으로 이혼까지 생각하는 친구였는데….

교수가 되고 바빠지기 시작하면서 예전의 활기와 에너지를 되찾은 듯하여 보기 좋았는데.

요즘은 어떻게 살고 있는지. 보고 싶다. 내 친구!

3

오늘 나의 봄을 다시 열다

사막이 아름다운 것은

어딘가에 샘이 숨겨져 있기 때문이다.

|

생텍쥐베리

"쾅!"

엄청난 굉음이 나면서 몸을 가눌 수 없는 큰 충격이 있었다. 내가 죽었는지 살았는지 알 수 없는 찰나의 경험을 했다. 혼이 나간다는 게 이런 건가 싶었다. 바로 그때 무슨 소리가 들렸다.

"엄마, 엄마! 빨리 내려야 돼. 큰일 났어!"

아이들이었다. 정신을 차리고 보니 차 밖에서 세 아이가 다급하게 소리치고 있었다. 그랬다. 난 살아 있었다.

매년 2월경 나는 언니와 여동생, 조카들과 함께 스키 여행을 간다. 그날도 2박 3일의 즐거운 여정을 마치고 아이 셋을 태우고 홍천에서 서울로 돌아오는 길이었다. 눈과 비가 섞여 오는 어두컴컴한 오후 4시경. 차가 많이 막힌 탓인지 내비게이션은 평소 내가 다니는 길과 다른 낯선 길로 인도했다. 그러나 그곳도 꽉꽉 막히기는 매한가지였다. 이럴 바엔 익숙하게 다니는 길로 다시 돌아가야겠다는 생각에 유턴을 했다. 그 순간이었다. 우리는 대형버스와 부딪혔고 내가 앉은 운전석 쪽에 강한 충격과 압박이 있었다. 차 안은 갑자기 하얘지고 낯선 냄새와 연기로 가득 찼다.

간신히 몸을 빼내 밖으로 나와 보니 양쪽 도로의 차들은 모두 멈췄고

순식간에 아수라장이 되어 있었다. 나는 생각보다 괜찮았다. 아이들도 조수석에 앉은 둘째 아이 이마 타박상 외에는 모두 멀쩡했다. 그러나 운전석 쪽이 완전히 찌그러진 차는 폐차를 해야 할 만큼 망가져 있었다.

차를 출고할 때 세심하게 에어백을 풀장착했던 남편 덕에 내 얼굴과 몸은 보호받을 수 있었다. 폐차할 정도의 큰 사고였지만 아이들도 크게 다치지 않았다. 경찰서에 가서 조서를 쓰는데 우리는 처벌받아야 했지만 버스 기사님의 선처로 일반 교통사고로 처리되었다. 살아 돌아와 줘서 고맙다며 눈물 흘리던 남편, 함께 걱정해주고 위로해주었던 가족들. 무엇보다 사고 후 우왕좌왕하는 나를 대신해 남동생 둘을 다독이며 돌보아준 딸아이까지. 큰 사고였지만 이후의 모든 상황은 감사한 일들의 연속이었다.

그 사고 이후 잠시 힘들었지만 이런 모든 감사한 일들을 떠올리며 더욱 열심히 살아가야겠다는 생각을 하게 되었다. 소중한 사람들에게 더욱 더 잘해야겠다는 다짐도 함께.

2018년 2월 28일 난 다시 태어났다.

아주 가끔. 그날처럼 비가 오면서 스산한 기운이 도는 날에 학교에서 돌아오는 아이들을 데리러 가려고 하면 아이들이 절대 오지 말라고 한다. 아니라고는 하지만 내심 그날의 기억이 트라우마로 남은 듯하다. 죄스럽고 미안하지만 그래도 건강하게 잘 자라주고 있는 아이들이 한없이 고맙다. 그렇게 큰 사고를 겪고도 잘 이겨내고 일상생활을 잘 해내고 있는 나 자신도 대견하다.

요즘 이사 준비를 하고 있다. 이것저것 정리하면서 우연히 내 20대 때 쓴 일기장을 발견하게 되었다. 행여 누가 볼까 테이프로 칭칭 감아 놓은 일기장을 펼쳐 보는데 잊고 있었던 그 시절의 추억들이 새록새록 떠올랐다. 1996년 23세의 나는 많은 방황과 고민을 하고 있었다. 아빠 사업이 도미노처럼 쓰러지면서 대학을 무사히 졸업할 수 있을까 하는 고민들, 남자친구와의 사이에서 반복되는 문제와 결단하지 못하는 나의 나약함, 마음처럼 취업이 잘 되지 않고 여기저기 면접을 보러 다니면서 느끼던 좌절감과 나의 한계…. 치열했지만 아무것도 해결되지 않았던 그 시절의 이야기들!

짝사랑하는 선배를 가슴에 묻겠다며 눈물 흘렸던 날들도, 누군가 경영학 책을 보고 있는 내가 멋지다며 던진 말에 가슴 떨렸던 날들도 그 일기장에 고스란히 남겨져 있었다. 이제는 추억이 되어 내 마음 한쪽에 자리 잡고 있는 30년이 다 되어가는 추억들이 새롭기만 하다.

나에게는 유년 시절 앨범이 딱 한 권밖에 없다. 갑자기 집안이 기울어지면서 모든 물건을 아빠 공장 창고에 보관을 하게 되었고 어느 날 홍수가 나서 그것들이 다 쓰레기가 되어버렸기 때문이다. 가끔 아이들이 엄마 어렸을 때 사진을 보고 싶다고 하는데 보여줄 수 없는 마음이 참 안타깝다. 가슴으로밖에 추억할 수 없는 어린 시절이 사무치게 그리울 때가 있다.

나의 20대 시절도 큰 교통사고도 극복하지 못할 것 같은 일들도 지나고 보면 어느새 웃으며 이야기할 수 있는 추억이 되어 있다. 현재를 살고 있을 때는 잘 모른다. 지금 시간이 얼마나 소중하고 아름다운지 말이다.

가수 이상은이 부른 〈언젠가는〉이라는 노래를 참 좋아한다.

그렇게 이제 뒤돌아보니
젊음도 사랑도 아주 소중했구나

– 이상은, 〈언젠가는〉 中

자신 앞에 놓인 희미한 미래와 흔들리는 현재로 고민하는 아이들에게 이야기해주고 싶다. 좌절하고 넘어져도 괜찮다고…. 결국 겨울은 가고 새봄이 찾아온다고….

　포기하지 말고 무엇이든 도전하라고…. 먼 훗날 미소 지으며 웃는 날
이 올 것이라고….

4

한 걸음 한 걸음 나를 넘어서며

언제나 인생은 설명할 수 없는 일들 투성이

언젠가 운명이 흰 수염고래처럼 흘러오겠지.

|

심보선 「좋은 일들」

딱히 별일이 있어서도 아니다. 하루 종일 일을 했는데 아무것도 끝나지 않았다는 느낌이 드는 날이 있다. 산 넘어 산이라는 말은 나를 위해 만들어진 것 같다는 생각이 드는 그런 날. 일하는 내내 눌러왔던 위태위태한 감정은 퇴근길 차를 타면서 막아도 소용없는 쓰나미처럼 쏟아지기 시작한다.

아직 꿈이 있는데, 더 하고 싶은 일이 많은데 나는 왜 일에 파묻혀 어제와 똑같은 오늘을 또 보내야 하는 걸까. 나란 사람의 존재 이유는 도대체 어디에서 찾을 수 있는 걸까. 이렇게 인생이 끝나가는 걸까 하는 데까지 생각이 미치면 갑자기 서러움이 터진다. 눈물도 터진다. 그럴 때는 꼭 라디오에서 여지없이 내 마음을 뒤흔드는 노래가 나온다. 이내 감정이입이 되고 마구마구 눈물을 흘리고 만다. 그런 와중에도 차가 있다는 것이 다행스럽다는 생각을 한다. 지하철에서 이러면 정말 답이 없을 텐데….

나는 왜 이렇게 일복이 많은 걸까? 일의 끝은 도대체 있는 것일까? 일만 하다가 이번 생이 끝난다면 너무 불쌍한 것 아닌가? 온갖 비관적인 생각을 하는 새 어느덧 주차장에 들어선다. 동시에 다시 평소의 나로 돌아간다. 눈물을 닦아내고 다시 강한 엄마가 되어 엘리베이터 버튼을 누른다. 아무 일도 없었던 듯 현관을 들어선다.

쌓여 있는 빨래를 돌리고 저녁 먹을 준비를 시작한다. 삼남매 입맛이 다 다르니 반찬도 가지가지다. 여기저기서 엄마를 부르기 시작한다.

"오늘 저녁 찌개는 뭐예요?"

"엄마, 내 수학 문제집 어디 있어요?"

그것이 끝이 아니다. 학교에서 억울했던 일들을 쏟아내고 무신사 세일을 시작했으니 이것을 사달라 저것을 사달라 조르는 소리가 이어진다. 내 기분은 아랑곳 않는 아이들의 이야기를 끝없이 들어야 한다. 나는 모든 것이 끝없는 것 같다.

저녁을 먹고 나면 건조기에서 꺼내 한쪽에 산처럼 쌓아 놓은 빨래를 개기 시작한다. 설거지도 해야 하고 쓰레기도 분리해야 한다. 역시 집에서도 일복 터졌다.

모든 일을 마치면 그제야 소파에 등을 기댈 수 있다. 잠시 채널을 돌리다가 침대에 눕고 까다로운 둘째 녀석 내일 아침 반찬은 무엇을 챙겨야 하나 생각하며 잠이 든다.

참 내 인생! 여유가 없다. 잠시도 쉴 틈이 없으니 가끔 주어지는 나만의 시간이 얼마나 소중한지 모른다. 하루 30분이라도 혼자만의 시간이 있으면 너무 좋다. 그냥 가만히 앉아서 머릿속을 비운다. 적막과 고요가 난 너무 좋다.

어느 주말에는 지친 나더러 쉬라며 남편이 혼자 아이들을 데리고 양평 시댁에 갔다. 전화가 왔는데 고모부랑 술 한잔했으니 자고 다음날 돌아올 거라 한다.

잘됐다. 온전한 나만의 시간! 소중한 그 시간이 더 길어진다. 그날 밤은 오로지 나만의 시간이다.

소중한 나의 시간이라고 뭐 특별히 하는 건 없다. 누구를 만나거나 약속을 정하지도 않는다. 보고 싶은 영화를 보고 커피를 마시고 소박하게 신라면을 끓여 먹는다. 눈꺼풀이 무거워지며 잠이 오지만 잘 수가 없다. 또 이런 시간이 언제 돌아올지 모르니까….

평소에 바쁘게 사니 그저 평범한 일들이 너무 소중한데 소중하다 느끼는 일상도 반복되다 보면 만족하지 못하고 왜 이렇게 의미 없이 살고 있는지 우울해하며 심란해지겠지.

아이들이 어렸을 때 참 힘들었다. 대체로 순하고 말 잘 듣는 착한 아이들임에도 나 혼자 아이들을 감당하고 케어하는 것이 사실 많이 버거웠다. 한 명이라도 아프게 되면 그야말로 비상이었다. 앞뒤로 업고 유모차 밀고 병원 다녀오는 길이면 진이 다 빠져버렸다. 다 때려치우고 쉬고 싶어도 그럴 수 없었고 그렇게 힘든 시간을 어떻게 보냈는지…. 아이를 키운다는 건 실로 엄마가 아니면 할 수 없는 위대한 일이다. 온몸을 던져 아이들을 키우다가 허리병도 얻었다. 지금도 한번 허리가 다치면 일주일씩 일어나지 못하고 누워만 있어야 한다.

그렇게 아이들을 키우느라 정신없는 나날들에도 여지없이 반복되는 일상에 대한 회의가 들었고 새로운 일들로 내 생활에 긴장감을 주는 무언가가 필요했다.

나는 공부를 하기로 했다. 남편이 들어오고 아이들이 잠든 늦은 시간에 공부했다. 몸이 세 개라도 모자랄 판에 공부까지 한다는 건 쉬운 일이 아니었지만 목표가 생기고 그 목표를 위해 나아가는 내 모습이 멋져 보였다. 나를 찾은 것 같았다.

나는 세 개의 자격증에 도전했고 마침내 소기의 목적을 달성했다. 성취감은 자신감이 되었고 그 자신감은 나에게 이루 말할 수 없는 행복을 안겨 주었다.

그 시절… 그렇게 틀에 갇혀 있던 나에게서 벗어난 기억이 새롭게 상기된다.

　아이들은 이제 자신을 챙길 수 있는 나이가 되었고 나는 본격적으로 일을 하게 되었다.

　주위를 둘러볼 새도 없이 앞만 보고 달렸다. 매일매일 정신없이 하루가 가고 자고 일어나면 또다시 반복되는 바쁜 일상이었다. 매너리즘에 빠져 헤어 나오지 못하는 어느 날! 문득 무언가 또 가슴 뛰게 할 새로운 활력소가 필요하다는 생각이 들었다.

　최근에는 글쓰기 모임의 일원이 되었다. 왠지 그 공부가 나에게 새로운 행복을 주는 것 같다. 주어지는 과제가 녹록지 않지만 그것을 완성해 가는 기쁨이 꽤 크다. 시간적으로 쫓기는 나에게 분명 스트레스이지만 아이러니하게도 그건 긍정적인 스트레스다.

　창작을 위해 사색하고 자료를 모으는 시간이 턱없이 부족하지만 일하면서도 한 구절을 쓰기 위해 온통 머릿속을 바쁘게 굴리는 나를 발견한다. 우울하고 무기력한 나의 일상에 에너지가 생기고 기운이 솟는다. 몸은 바빠도 마음이 풍성해지고 있다.

　큰 꿈을 꾸어보는 계기가 되기도 한다. 한 걸음 한 걸음 나를 넘어서 멋진 미래의 나를 상상해본다.

5

나이 듦의 여유

사람이 여행을 하는 것은

도착하기 위해서가 아니라

여행하기 위해서이다.

|

괴테

엄마는 항상 그러셨다. 시집살이라는 게 실제로 시댁에서 나를 괴롭혀서 힘든 게 아니라 항상 조심해야 한다는 내 마음가짐이라고….

결혼 20년 차가 되고 보니 그 말이 무슨 뜻인지 알 듯하다.

신혼 초에 많이 힘들었던 기억이 있다. 결혼 후 2년 정도 시댁 2층에서 살았다. 그저 남편이 좋아서 어디서 살든지 무슨 문제가 있겠냐는 게 처음 생각이었다. 철저히 분리된 공간이었지만 항상 귀를 쫑긋 세우고 아래층에 무슨 일이 있는지 긴장하며 살았다. 어른들이 퇴근하시는 시간에 맞춰 인사를 하러 내려갔고 손님들이 오시면 뭐라도 내가 대접해야 할 것 같아 내려가서 커피도 끓이고 과일도 깎았다. 굳이 그러지 않아도 어른들이 혼내지 않으시는데 그냥 그렇게 신경 쓰고 조심하면서 살았던 것 같다.

난 딱 2년 그렇게 살았는데 우리 엄마는 40년을 할머니 모시고 그렇게 사셨다고 생각하면 실로 존경하지 않을 수 없다. 어디 그뿐이었나? 4남매 우리를 키우시고 아빠가 자수성가하기까지 온갖 뒷바라지에 복잡한 아빠의 사적 문제며, 아빠 사업을 돕다 친정과 등을 지게 된 사연까지.

실로 여자의 인생을 논할 때 우리 엄마의 인생살이를 펼쳐본다면 절대 뒤처지지 않을 스토리를 가지고 계시다.

어린 우리에게 말 못 하고 혼자 견디셨을 젊은 날의 아픔과 상처들, 희생과 인내로 버텨내신 그 모든 세월들 앞에 버티고 버티다가 더 이상 서 있지 못하고 쓰러지는 고목나무처럼 엄마는 갑자기 너무 늙어버렸다. 엄마를 뵙고 돌아오는 날은 마음이 그렇게 힘들 수가 없다.

학교 다닐 때는 엄마가 학교에 오시면 기분이 참 좋았다. 과하게 멋을 내지 않아도 은은한 향기가 나고 한 번 더 돌아보게 하는 미모의 우리 엄마였으니까.

내 기억 속에 환하게 웃고 있는 젊은 날의 싱그러운 엄마는 여전히 내 가슴속에 깊이 새겨져 있는데 자꾸 편찮으시고 이유 없이 지쳐 계시고 잘 드시지 못하는 엄마를 보면 가슴이 먹먹해진다. 살아가는 이유를 잊어버리신 것만 같아 안타깝다.

왜 그렇게 희생만 하고 살았느냐고, 왜 맨날 참고만 살았느냐고, 그냥 다 버리고 엄마 인생 살지 그랬느냐고 따지고 싶었던 적도 있었다. 하지만 아이들을 키우고 나이가 들어가면서 이젠 말하지 않아도 엄마가 왜 그렇게 사실 수밖에 없었는지 그냥 알 듯하다. 힘들고 외로우셨을 우리 엄마, 엄마의 젊은 날의 청춘에 잘 이겨내고 여기까지 와줘서 고맙다고 얘기하고 싶다.

요즘엔 좀 더 엄마 이야기를 들어주고 싶다. 내 이야기도 좀 더 많이 하고 싶다. 이제 외롭지 마시라고, 혼자만 애끓지 마시라고, 혼자만 울지 마시라고 함께 하자고 그렇게 말하고 싶다.

자식 사랑은 내리사랑이고, 엄마는 언제나 자식을 짝사랑한다지만 나도 나이 든 요즘에는 함께 늙어가자고 이야기할 수 있을 것 같다. 자식이 아닌 친구로 말이다.

대학에 입학하고 즐거운 캠퍼스 생활에 취해 있을 즈음 중학교 때 친했던 친구 한 명이 집 앞으로 찾아왔다. 그 친구는 고등학교를 졸업하고 바로 취업을 했고 그렇게 연락이 뜸했었는데 여간 반갑지 않았다.

선머슴처럼 짧은 커트머리에 까무잡잡했던 친구였는데 사회생활을 시작한 친구는 스타일이 많이 변해 있었다. 긴 생머리에 강렬한 빨간 립스틱. 그날 내 앞에 서 있는 친구는 사회인이 되었다는 티를 마구마구 내뿜고 있었지만 많이 어색했고 그래서 낯설었다.

친구는 기분이 좋아 보이지 않았다. 할 얘기가 있다고 할 때는 비장해 보이기까지 했다. 첫 월급을 탄 날! 나를 위해 내가 좋아하는 가수 이문세 6집 테이프를 사두었다 한다. 줄까 말까 고민하다가 몇 달 만에 마음먹고 나를 찾아왔다는데 대뜸 이렇게 말했다.

"너한테 실망했어. 내 마지막 선물이니까 오래오래 간직해 줘."

그러면서 꽃 한송이와 이문세 테이프를 건네더니 돌연 사라져버렸다.

쫓아가 영문을 묻고 싶었지만 그러지 못했다. 왜 그랬을까? 내가 무슨 잘못을 한 걸까? 뭐가 서운했을까? 억울하기까지 했다. 나는 몇 날 며칠 이 황당한 상황을 곱씹으며 괴로워했다. 하지만 곧 각자의 삶을 사느라 그렇게 우리는 연락이 끊겼다.

"생각나니 별을 보던 너의 모습, 생각, 아름다운 마음이 오래됐지만
그게 나였어 그게 나였어."

– 이문세, 〈그게 나였어〉 중

이문세의 노래를 듣거나 예전 일이 떠오를 때면 지금도 문득 그 친구 생각이 난다. 그런데 이제는 그럴 수도 있었겠구나 하는 생각이 든다. 이 유는 모르지만 그 친구가 그럴 만해서 그랬겠거니 하며 이해한다. 살다 보면 나는 서운한데 상대방은 모르는 경우가 꽤 여러 번 있지 않나. 강렬 한 그날의 기억은 추억으로 새겨두었다.

언젠가 그 친구를 우연히라도 만나게 된다면 어깨에 무거운 짐 지고 힘겹게 살아갔을 어린 스무 살의 너를 미처 헤아리지 못해 미안하다며 따뜻하게 안아주고 싶다.

나이가 주는 여유로움이 있다. 요즘은 그냥 모든 상황에 좀 너그러워지고 있다. 경험은 이해를 만들어내는 것 같다. 그때는 이해하지 못하고 용납할 수 없었던 모든 일이 나이가 들어가면서 하나하나 풀리는 느낌이다.

쉽게 내려놓기도 한다. 하지만 내려놓는다는 표현이 나에게 위로가 될지 몰라도 상대방에게 상처가 될 수도 있겠구나 하는 데까지 생각이 미칠 때가 있다. 그럴 땐 그냥 조용히 응원하기로 한다.

남은 엄마의 인생이⋯, 오래전 그 친구의 인생이 반짝반짝 빛나기를 응원한다.

6

잊었던 꿈을 다시 찾다

"오랫동안 꿈을 그리는 사람은

마침내 그 꿈을 닮아간다."

|

앙드레 말로

휴가 중이다. 813호 객실에서 내다보이는 저 멀리 언덕배기에 삼삼오오 모여 있는 사람들이 행복해 보인다. 하지만 나는 진실을 알고 있다. 연일 계속되는 폭염으로 가만히 서 있기만 해도 땀이 줄줄 흐르는데, 그늘 한 점 없는 저곳에서 정통으로 햇빛을 맞으며 서 있다는 것이 절대 즐거운 일이 아니라는 것을 말이다. 얼른 인증샷을 찍고 "인간적으로 너무 덥네. 너무 더워."라고 투덜거리며 얼른 시원한 곳을 찾아 떠나와야 한다. 바로 어제 이 시간에 내가 그랬다.

인생은 가까이서 보면 비극인데 멀리서 보면 희극이라는 '찰리 채플린'의 말이 새삼 떠오른다.

나는 남편과 도시락 체인점을 운영한다. 처음부터 그랬던 것은 아니다. 결혼 후, 1년쯤 지났을까? 갑자기 시어머니가 뇌경색으로 쓰러지셨고 어머님이 하시던 가게를 맡아서 운영할 사람이 필요했다. 이런저런 고민 끝에 회사를 그만두고 남편이 그 가게를 맡게 되었고 그렇게 우리는 새로운 시작을 하게 되었다. 아이 셋을 어느 정도 키운 후 나도 본격적으로 남편을 돕기 시작했다.

벌써 그 가게를 운영한 지 20년이 다 되어간다. 어머님 때부터 계산하면 30년이 다 되어가는 가게다. 자영업자 656만 명 시대. 1~2년을 못 버티고 폐업하는 자영업 식당 수가 하루 400개라는 통계를 보았는데 쓰러지지 않고 30년 가까이 유지하고 있다는 건 생각해보면 실로 대단한 일이다.

그만큼 최선을 다하고 있다는 뜻일 것이다. 오래된 가게인 만큼 단골 손님도 많고 꾸준히 우리와 거래하는 회사들도 많다. 같은 프랜차이즈라도 우리 가게만큼 맛있고 친절한 가게는 없다고 말하는 손님들도 꽤 있다. 그런 자부심으로 열심히 일하고 또 일해서 부족함 없이 아이들도 잘 키워내는 중이다. 나의 40대를 온전히 이 가게에 쏟아부은 것 같다.

너무나 오랜 시간 같은 일을 하고 날마다 같은 일상을 반복하다가 문득 몹시 힘들어하고 있는 나를 발견하게 되었다. 딱 50이 되었고 정신없이 3~4개월을 보냈다.

아이들이 새로운 학교생활에 잘 적응하고 난 후, 봄의 끝자락 어느 날부터 사춘기 소녀마냥 감정이 오르락내리락 요동을 쳤다. 주체할 수 없었다. 남편도 아이들도 내 눈치를 보며 걱정하고 신경 쓰는 게 온몸으로 느껴졌지만 나는 괜찮다고 별일 아니라고 쉽게 얘기하지 못했다.

잠시 방황을 하고 주위를 둘러보았다. 맨 먼저 남편이 보였다. 가장이라는 무거운 책임감에 많은 것을 포기하고 살고 있는 남편의 현실이 괜스레 안쓰럽다.

남편은 노래를 참 잘한다. 집안이 좀 더 넉넉하고 어머님이 조금만 더 신경을 써주셨다면 좋아하는 음악 공부를 해서 즐겁게 노래하며 살고 있지 않을까 자주 이야기한다. 그러면서 아이들 다 크고 노년에는 자기가 하고 싶은 일을 좀 하고 싶다는 이야기도 심심찮게 한다. 그래도 되겠느냐고 하길래 무심하게 그러라고 대답했지만 지금은 꼭 그런 날이 왔으면 좋겠다.

남편은 하고 싶어 하는 일도 소박하다. 하루 종일 좋아하는 테니스를 치는 것이고 나이가 들어서는 노래를 부르는 연극 무대에 서보는 것이란다. 진심으로 그런 날이 꼭 오기를 바란다.

다음으로 아이들이 보였다. 먼저 첫째 딸. 자기 생일날에, 낳아주셔서 감사하다며 엄마 선물을 준비하는 딸이 세상에 몇이나 될까? 4년 전 딸이 중학생이었을 때 일이다. 좀체 감정의 동요가 없는 내가 딸아이의 생일날 눈물을 참아내느라 얼마나 힘들었는지…. 그날이 생각난다.

지금도 매년 자기 생일날에 엄마 선물을 준비하는 착한 딸이다. 아래로 남동생만 둘인 딸은 다른 아이들보다 일찍 철이 들었고 지금도 우렁

각시가 되어 매일매일 조용히 나를 챙긴다.

말없이 묵묵히 자신의 일에 최선을 다하는 둘째 녀석. 뭐든 잘해서 나의 자랑이 되고 인사성 바른 아이로 온 아파트에 소문이 난 예의 바른 아들. 어느 날 무거운 짐 드신 할머니를 도와주더라며 주변 사람들의 칭찬 세례에 어깨가 으쓱하기도 했다.

매일매일 살갑게 다가와 내 얘기를 들어주고 출퇴근 길 꼭 안아주며 사랑한다고 해주는, 고함량 비타민보다 더 큰 에너지를 주는 막내아들까지.

잠시 잊고 있었을 뿐 힘이 나지 않을 이유가 없는 내 인생이다. 이제 기운이 차려지고 힘이 난다. 다시 뙤약볕에 사진 찍으러 나갈 만한 용기가 생긴다.

꽃이 집에 있으면 너무 예쁘고 초록 나무들이 있으면 집안 분위기가 확 달라지는데 우리 집엔 화분이 하나도 없다. 똥 손인 나에게 화초들이 오면 견디지 못하고 다 시들어버리기 때문이다. 그런데 이젠 집안에 봄을 채우고 싶다. 활짝 웃으며 내 마음속에도 봄을 꽉꽉 채우고 싶다. 꿈과 함께 잊혔던 나의 삶을 다시 찾으러 나가보려고 한다. 지금까지 해온 시간만큼 또 다시 똑같은 일을 할지도 모르지만 지금부터 다시 꿈을 꾸려고 한다. 어쩌면 50에 맞이하는 하루하루는 결코 똑같은 날일 수 없을지도 모른다. 다시 돌아오지 않을 아침을 가장 감격스럽게 맞이하고 가장 정성스럽게 하루를 살아내야 하는 것 아닐까. 이제는 나를 놓치지 않을 것이다.

50에 새봄을 시작한다.

바쁘고 힘든 삶의 무게에도 짓눌리지 않고
가볍게 날아다닐 수 있는
자유의 은빛 날개 하나를
내 영혼에 달아주고 싶다

– 이해인, 「봄이 오면 나는」 中